Controlo de Gestão em Marketing

José Vaz Ferreira

Controlo de Gestão em Marketing

ACTUAL

TÍTULO ORIGINAL
Controlo de gestão em marketing

AUTOR
José Vaz Ferreira

CONJUNTURA ACTUAL EDITORA
Sede: Rua Fernandes Tomás, 76-80, 3000-167 Coimbra
Delegação: Avenida Engenheiro Arantes e Oliveira, 11 - 3.º C - 1900-221 Lisboa - Portugal
www.actualeditora.pt

CAPA
FBA

PAGINAÇÃO
Aresta Criativa - Artes Gráficas

IMPRESSÃO E ACABAMENTO
Pentaedro, Lda
Janeiro 2019

DEPÓSITO LEGAL
451891/19

ACTUAL | GRUPOALMEDINA

Biblioteca Nacional de Portugal – Catalogação na Publicação

FERREIRA, José Vaz

Controlo de gestão em marketing. – (Fora de coleção)
ISBN 978-989-694-383-7

CDU 658

José Vaz Ferreira é licenciado em Economia (1982) e Doutor em Gestão (2007) pela Universidade de Coimbra (FEUC) e Mestre em Finanças pela Universidade de Connecticut, Ancell School of Business, EUA (1986). É professor da Faculdade de Economia da Universidade de Coimbra desde 1993. É Revisor Oficial de Contas e Controlador--Relator de Qualidade, da Ordem dos Revisores Oficiais de Contas.

ÍNDICE

GESTÃO DE MARKETING

PARTE I
Ambientes, Mercados e Consumidores

PARTE II
Planeamento e Estratégias de Marketing

PARTE III
Táticas de Marketing

CONTROLO DE GESTÃO DE MARKETING

PARTE IV
Organização e Implementação de Marketing

PARTE V
O Controlo de Gestão de Marketing

PREFÁCIO

O marketing vai hoje muito para além da publicidade, dos eventos ou do glamour que normalmente lhe estão associados. Em paralelo, o marketing pode consumir orçamentos muito significativos e, não raras vezes, pode corresponder à fatia de leão do orçamento de uma empresa e do custo de um produto. Na verdade, entre as definições com que Kotler nos brinda, Marketing inclui sempre "planeamento e execução...".

Ainda que as métricas em Marketing se tenham convertido numa nova obsessão dos marketeers, na verdade, na maior parte das vezes, elas concentram-se no estudo e controlo da reação dos clientes a cada novo estímulo de marketing. De facto, a maior parte dos cursos de marketing tem ignorado a importância que o planeamento, o controlo e a auditoria em marketing podem e devem ter. Também a literatura se tem mantido à margem deste importante debate. Todavia, um marketeer ou um responsável por um departamento de marketing, não pode ignorar o enorme potencial que estes instrumentos podem ter na eficiência e na rendibilidade das acções de marketing das empresas e mesmo da sua performance global.

O planeamento, o controlo e a avaliação em marketing podem oferecer aos estudantes de marketing, aos marketeers e aos gestores de empresas, um conjunto de instrumentos que podem ser decisivos para a avaliação da performance em marketing e para a identificação de novos caminhos para as empresas. No seu esforço para a cada dia levarem mais valor aos seus clientes, há que combinar as técnicas mais ousadas com um controlo apertado dos recursos que consomem. Esta combinação permitirá às empresas construirem relações estáveis, duradouras e mutuamente vantajosas com os seus clientes e reforçar os seus padrões globais de rendibilidade e eficiência.

Saúdo, por isso, de forma efusiva, a iniciativa do Professor José Vaz Ferreira de se atrever por uma área relativamente virgem no mundo do marketing e que se vai constituir num poderoso instrumento de gestão e de gestão de marketing nas organizações.Convido ainda os leitores a uma leitura alternativa aos tradicionais manuais de marketing, explorando o papel do Controlo de Gestão em Marketing.

Arnaldo Coelho
Professor da Faculdade de Economia da Universidade de Coimbra (FEUC)
Coordenador do MBA/Mestrado em Marketing da FEUC

NOTA INTRODUTÓRIA

Marketing continua a ser uma das áreas mais difíceis em termos de decisão de gestão para as organizações. As variáveis psicológicas têm um papel muito importante. Os planos de marketing interagem com outros planos funcionais. As decisões de marketing têm que ser tomadas acerca de processos que são dinâmicos, não lineares, estocásticos e interativos. Marketing e o seu controlo são, e serão sempre, essenciais, nos dias de ontem, hoje e amanhã.

O controlo e a avaliação do marketing assentam em encontrar novas oportunidades ou evitar ameaças, mantendo o desempenho em linha com as expetativas da gestão, ou resolvendo problemas específicos que possam ser identificados. O planeamento aponta a direção e fornece as diretrizes para avaliação e controlo. Uma auditoria de marketing pode ser relevante para estabelecer a avaliação e controlo adequado. As métricas e os níveis de desempenho necessitam de ser determinados, depois da recolha da informação necessária.

Nos últimos dez anos, o autor deste livro percorreu um caminho que se traduziu na consolidação dos seus conhecimentos teóricos e práticos nesta área de conhecimento, não só através da investigação desta temática, como também através do ensino aos alunos de pós-graduação e mestrado. Ao longo deste período letivo, foram produzidos diversos textos científicos e pedagógicos, alguns dos quais, fazem parte integrante desta obra.

Esta obra tem uma natureza essencialmente pedagógica, sendo o seu público-alvo os alunos que frequentam disciplinas ligadas à gestão e controlo de gestão de marketing, incluídas nos planos curriculares das licenciaturas, pós-graduação e mestrado, não só em Economia e Gestão, como também, em algumas áreas de Engenharia.

O livro está organizado em duas seções. Na primeira seção, é abordado o planeamento e gestão de marketing, em três partes e catorze capítulos. Na segunda seção, é abordado o controlo de gestão em marketing, em duas partes e oito capítulos. Em termos globais, são vinte e dois capítulos, tendo cada um deles, no final, não só o resumo do capítulo, como também, algumas questões sobre o mesmo.

Por fim, gostaria de deixar uma palavra de agradecimento, por um lado, à Faculdade de Economia da Universidade de Coimbra, pelo tempo que me disponibilizou e, por outro lado, à minha esposa, Maria José, por todo o tempo que não estive ao seu lado, para que fosse possível terminar esta obra.

O autor
Janeiro de 2019

GESTÃO DE MARKETING

Existem três tipos de organizações: aquelas que fazem as coisas acontecerem; aquelas que assistem as coisas acontecerem; aquelas que se interrogam sobre o que aconteceu.

Anónimo

PARTE I – **AMBIENTE, MERCADOS E CONSUMIDORES**

A Função de Marketing elabora o plano de marketing e acompanha a sua execução, pesquisa e monitoriza o ambiente de novas oportunidades, identifica as necessidades não satisfeitas e os mercados alvo, decide sobre os produtos e serviços adequados para servir esses mercados, antecipa os problemas de marketing, através da recolha de informação rigorosa sobre o ambiente, mercados e consumidores.

1
A Função do Marketing nas Organizações

Durante muitas décadas, as organizações empresariais definiram como sua principal tarefa, vender simplesmente o que produziam. Para conseguir vender mais, as empresas pressionavam os seus responsáveis comerciais. Tratava-se de uma estratégia essencialmente direcionada para as vendas.

Contudo, esta visão estratégica orientada para as vendas poderá ter sucesso no curto prazo, mas terá dificuldades em obter resultados positivos no médio e longo prazo. Ou seja, as empresas têm que ter um papel crucial na identificação das necessidades dos clientes, na inovação de melhores produtos, em desenvolver advertising e fazer chegar os produtos de uma forma mais eficiente aos consumidores, de modo a que estes possam recolher mais benfícios com o estreitamento desta relação.

A resposta no médio e longo prazo, passa por monitorizar as constantes alterações nas necessidades dos consumidores e ajustar os produtos, serviços e métodos de distribuição, às novas necessidades dos mercados. Esta resposta assenta numa filosofia de marketing, orientada para o consumidor e suas necessidades e não para os produtos que são fabricados num certo momento.

Na verdade, a melhor forma de olhar o marketing, é como uma disciplina usada pelas empresas para transformar as necessidades e preferências das pessoas em oportunidades lucrativas. O marketing deve começar antes do produto existir e deve continuar depois do produto ser vendido, interpretando-se o que diz o mercado, devendo-se procurar continuamente formas de melhorar a satisfação do cliente.

OS DIFERENTES CONCEITOS DE MARKETING

O marketing tem vindo a ser definido nas mais diversas formas. Contudo, independentemente dos diferentes conceitos, há algumas referências comuns a todos eles: produtos, necessidades, preferências e decisões de compra, valor e satisfação, troca e transações, mercados, marketing e gestores de marketing.

Produtos

As pessoas satisfazem as suas necessidades com produtos. Genericamente, podemos definir produtos, como algo que pode ser oferecido a alguém, tendo em vista satisfazer uma necessidade. Por norma, associamos um produto a algo tangível. É frequente usarmos as expressões, produtos e serviços para distinguir o tangível do intangível. Mas quando pensamos em produtos tangíveis, a sua importância está menos na sua posse mas, acima de tudo, no seu uso, tendo em vista a satisfação das nossas necessidades. Isto é, os produtos tangíveis são simplesmente veículos que nos prestam serviços.

Necessidades, preferências e decisões de compra

Uma necessidade humana é um estado de privação de alguma satisfação básica. As pessoas procuram comida, vestuário, etc., por uma questão de sobrevivência. Estas necessidades são biológicas e as mais básicas na condição humana.

As preferências humanas são escolhas sobre a forma de satisfação das necessidades básicas. Ter uma alimentação tradicional ou vegetariana é uma escolha de cada pessoa. As preferências humanas são continuamente formatadas por forças e instituições, como a igreja, a escola, a família e organizações empresariais.

As decisões de compra são produtos específicos que são suportadas pela capacidade e vontade de os adquirir. Numa decisão de compra, não se trata apenas de preferir um bem em detrimento de outro mas, acima de tudo, a capacidade de tomar essa decisão.

Os responsáveis do marketing, os *marketers,* não criam necessidades, nem levam as pessoas a comprar coisas que elas não querem. Eles, acima de tudo, influenciam as preferências e tentam influenciar as decisões de compra, fazendo com que o produto se torne atrativo e facilmente disponível.

Valor e satisfação

Como é que os consumidores escolhem entre os produtos que possam satisfazer melhor uma certa necessidade? Qual será o valor que atribuem a um certo produto? Valor é a estimativa do consumidor sobre a capacidade do produto satisfazer um conjunto de objetivos.

Troca e transação

O facto de as pessoas terem necessidades e preferências e poderem dar valor a um produto, é algo necessário mas não suficiente para definir marketing. Marketing existe quando as pessoas decidem satisfazer as suas necessidades e preferências de uma certa maneira que pode ser trocada por outra. A troca é o ato de obter o produto desejado, oferecendo alguma coisa em contrapartida.

Para que uma troca possa acontecer, as seguintes condições devem ser satisfeitas:

- Há pelo menos duas partes;
- Cada parte tem alguma coisa que poderá ter valor para a outra parte;
- Cada parte é capaz de comunicar e entregar;
- Cada parte é livre de aceitar ou rejeitar a oferta;
- Cada parte acredita que é apropriado e desejável negociar com a outra parte.

Se estas condições existirem, há potencial de troca. Se a troca acontece, tal depende das duas partes que encontram termos de troca que os deixam melhor do que antes de a troca acontecer. A troca deve ser vista como um processo, nunca como um acontecimento. Duas partes estão sintonizadas quando estão direcionadas para um acordo. Se o acordo é alcançado, pode dizer-se que teve lugar uma transação.

Uma transação consiste na troca de valores entre duas partes, mas não exclusivamente de natureza monetária. Uma transação envolve pelo menos duas coisas com valor, bem como um acordo sobre o tempo e o local da transação.

Mercados

Um mercado consiste em todos os clientes potenciais que têm uma necessidade ou preferência comum, que estejam disponíveis a realizar uma transação tendo em vista satisfazer uma necessidade. Assim, o tamanho do mercado dependerá do número de pessoas que tenham essa necessidade, tenham recursos que possam interessar aos outros, bem com estarem disponíveis para oferecer esses recursos por troca daquilo que querem.

Marketing e gestores de marketing

Marketing significa toda a atividade humana que se desnvolve na relação com o mercado. Isto é, marketing significa trabalhar com mercados para desenvolver trocas potenciais com o objetivo de satisfazer as necessidades humanas.

A parte que está de uma forma mais ativa do que a outra, a fazer com que uma transação se realize, chama-se gestor de marketing. Um gestor de marketing é alguém que procura uma transação com alguém, oferecendo algo com valor em troca. Um gestor de marketing procura uma resposta da outra parte, ou para vender ou para comprar alguma coisa. Ou seja, pode ser um comprador ou um vendedor.

Em suma, marketing é um processo social pelo qual indivíduos e grupos obtêm o que precisam, através da troca de produtos e valor com outros.

GESTÃO DE MARKETING

Gestão de marketing é a análise, planeamento, implementação e controlo de programas para criar, desenvolver e manter as melhores relações com os mercados, no intuito de atingir os objetivos organizacionais.

O trabalho de marketing pode ser desenvolvido por chefes de vendas, vendedores, gestores de produto, diretores comerciais e outros responsáveis. Muitas destas funções envolvem a gestão de recursos de marketing, tais como, advertising e força de vendas. A função do gestor de marketing passa por analisar, planear e implementar programas que irão produzir o nível desejado de transações, em relação a específicos mercados.

A imagem mais popular de gestor de marketing é alguém cuja função é, acima de tudo, estimular a procura dos produtos da empresa. Na verdade, a sua responsabilidade é mais complexa. Ele deve influenciar o nível, *timing* e composição da procura, de forma a atingir os objetivos da empresa. Ou seja, um gestor de marketing deve também ser um gestor da procura.

As organizações formam uma ideia acerca do nível desejado de transações num certo mercado. Muitas vezes, o nível da procura atual poderá estar abaixo, igual ou acima, do nível de procura desejado. Ou seja, pode não haver procura, ser fraca, adequada ou excessiva e o gestor de marketing ter que estar à altura destes estados diferentes da procura.

Os gestores de marketing têm que estar preparados para desenvolver tarefas diferentes de marketing, incluindo pesquisa, planeamento e implementação do plano e controlo de marketing.

ORIENTAÇÃO DAS EMPRESAS PARA O MERCADO

A gestão de marketing é o esforço consciente para atingir as transações desejáveis num determinado mercado. A questão que agora se coloca, é saber qual a filosofia que deve conduzir esses esforços de marketing. E saber também que ponderação deve ser dada aos interesses da organização, dos clientes e da sociedade. Por diversas vezes, estes interesses entram em conflito.

Há várias conceitos que competem entre si, sobre os quais, as empresas e outras organizações que conduzem a atividade de marketing. Eis algumas considerações sobre esses conceitos.

A Produção

A produção é um dos mais antigos conceitos que influenciam os comerciais. Este conceito assume que os consumidores favorecem aqueles produtos que estão mais disponíveis e a baixo preço. Os gestores de uma organização orientada para a produção, concentram-se em conseguir a mais elevada eficiência produtiva e um vasto canal de distribuição.

O pressuposto de que os consumidores estão primeiramente interessados na disponibilidade dos produtos a baixo preço, implica dois tipos de situações. A primeira situação é onde a procura excede a oferta e, em consequência, os clientes estão mais interessados em obter o produto. A segunda situação é onde o custo do produto é alto e tem que se baixar através do aumento da produtividade, tendo em vista expandir o mercado.

O Produto

Algumas organizações estão, acima de tudo, orientadas para o produto. O conceito de produto assume que os consumidores escolhem os produtos que oferecem mais qualidade e desempenho. Os responsáveis destas organizações orientadas para o produto, consomem a sua energia a fabricar bons produtos e atentar melhorá-los continuamente.

Estes gestores assumem que os consumidores não só dão valor aos produtos bem elaborados, como também valorizam a qualidade e o desempenho e estão disponíveis para pagar mais por isso. Este conceito de produto leva a uma certa miopia de marketing, isto é, a uma concentração no produto e não nas necessidades dos consumidores. Costuma dizer-se que estas organizações orientadas para o produto, estão a olhar sempre para o espelho, quando deveriam olhar para fora da janela.

A venda

O conceito da venda assenta no pressuposto de que os consumidores, se deixados sózinhos, não comprarão o suficiente dos produtos da empresa. Em conformidade, os responsáveis da empresa devem desenvolver um esforço agressivo de venda, bem como um esforço promocional.

Este conceito assume que, normalmente, os consumidores mostram alguma inércia ou resistência, pelo que devem ser orientados para comprarem mais. Assim, a empresa têm diversos instrumentos disponíveis para promover as vendas e estimular o consumo.

O conceito de venda é também praticado nas organizações não lucrativas. Por exemplo, um partido político vende os seus candidatos aos votantes, como sendo as melhores pessoas para os lugares. Depois das eleições, os eleitos continuam a ter uma orientação para a venda, para os cidadãos.

Algumas empresas estão orientadas para a venda quando têm um excesso de produção. O propósito é vender o que conseguem produzir e não direcionar a sua produção somente para o que conseguem vender. A todo o momento, está a tentar vender-se alguma coisa. Em consequência, os consumidores entendem o marketing como sendo advertising e venda agressiva.

O marketing

O conceito de marketing pressupõe que a chave para atingir os objetivos organizacionais consiste em determinar as necessidades, as preferências e as decisões de compra dos mercados e conseguir satisfazer os consumidores da forma mais eficiente que os concorrentes.

Contrariamente ao conceito da venda que se foca nas necessidades do vendedor, este conceito de marketing foca-se nas necessidades do comprador. Este conceito parte da definição dos clientes potenciais e das suas necessidades e preferências. As empresas integram e coordenam todas as atividades que têm impacto na satisfação dos clientes.

As empresas maximizam os seus lucros criando e mantendo satisfação no consumidor. A definição do que deve ser produzido, não está nas mãos das empresas, mas nas mãos do consumidor. As empresas produzem o que os consumidores querem e, desta forma, maximizam o seu bem-estar, ao mesmo tempo que obtêm lucros.

As empresas que aderem a este conceito, não só mantêm o seu foco nos consumidores, como devem estar organizadas para responder de uma forma eficiente às mudanças das necessidades dos consumidores. Estas empresas não só devem ter uma boa organização de marketing, mas também todos os outros departamentos devem interiorizar que o cliente é rei. Estas empresas têm, acima de tudo, uma cultura de marketing, transversal a todos os departamentos.

O marketing social

O conceito de marketing social pressupõe que a responsabilidade das organizações é determinar as necessidades, as preferências dos mercados, de modo a poder satisfazê-las de uma forma mais eficiente e eficaz que os concorrentes, conseguindo, desta forma, mais bem-estar para o consumidor.

Este conceito social de marketing alerta para a necessidades dos gestores, ao definirem as suas políticas de marketing, terem em consideração um equilíbrio entre lucros, satisfação do consumidor e interesses da sociedade. Originalmente, as empresas estabeleciam as suas decisões de marketing pensando no lucro. Mais tarde, reconheceram a necessidade de terem em conta as necessidades das pessoas, introduzindo o conceito de marketing. Finalmente, as empresas estão a considerar os interesses da sociedade nas suas decisões de gestão.

A EVOLUÇÃO DA GESTÃO DE MARKETING

A gestão de marketing é um tema de interesse crescente nas organizações de todos os tipos e tamanhos, dentro e fora do setor empresarial em todos os países. Veja-se a evolução desta forma de gestão nos diferentes setores.

No setor empresarial

No setor empresarial, o marketing entrou na consciência de diversas empresas em momentos diferentes. O marketing alastrou de uma forma rápida em diversos setores empresariais, nomeadamente, no setor financeiro. Naturalmente, ainda existe um longo caminho a percorrer, tendo em vista a sua aplicação efetiva, acima de tudo, nas empresas de menor dimensão. O mais recente grupo a interessar-se pelo marketing, são os prestadores de serviços profissionais, como sejam, os advogados, os médicos, contabilistas, arquitetos, etc.

No setor não lucrativo

O marketing está de uma forma crescente a atrair o interesse das organizações sem fins lucrativos. Em conformidade, é cada vez mais frequente verificar-se por parte destas instituições, como colégios, hospitais, etc., uma preocupação maior em tentar responder mais eficaz e eficientemente às necessidades dos utilizadores dos serviços dessas e de outras instituições da mesma natureza.

No setor internacional

As grandes empresas internacionais têm vindo a introduzir práticas de marketing moderno por todo o mundo. Esta realidade levou a que muitas empresas regionais tivessem passado a preocupar-se mais com o marketing, de modo a poderem competir com essas multinacionais.

Em países com uma cultura política socialista, cada vez mais, diversas funções do marketing, como pesquisa de marketing, marcas, advertising e promoção de vendas, estão a espalhar-se rapidamente.

SUMÁRIO

O marketing teve na sua génese, o facto dos seres humanos terem necessidades e preferências que criam um estado de desconforto nas pessoas, o que é resolvido através da aquisição de produtos e serviços. Sabendo que muitos e diferentes produtos podem satisfazer uma certa necessidade, a escolha do produto tem como suporte o conceito de valor e satisfação esperada.

Gestão de marketing é o esforço consciente para alcançar resultados nas transações em determinados mercados. O papel do gestor de marketing passa por influenciar o nível, o *timing* e a composição da procura por um produto, serviço, organização, lugar, pessoa ou ideia.

Há várias filosofias alternativas sobre a forma como as organizações desenvolvem a sua atividade de marketing. O conceito de produção assenta na ideia de que os consumidores favorecem produtos de preço mais baixo e com disponibilidade, pelo que o papel do gestor é melhorar a eficiência da produção e da distribuição, de modo a conseguir baixar os preços.

O produto assenta na ideia de que os consumidores apreciam a qualidade dos produtos que estejam a um preço razoável, pelo que não se torna necessário um grande esforço promocional.

A venda pressupõe que os consumidores não comprarão o suficiente dos produtos da empresa, a não ser que sejam estimulados de um esforço substancial de vendas e promoções.

O marketing defende que a tarefa principal de uma organização é pesquisar quais são as principais necessidades e preferências dos consumidores e adaptar a empresa para satisfazer tais necessidades.

O marketing social assenta na ideia de que a principal responsabilidade das organizações é conseguir clientes satisfeitos e bem-estar para consumidores e para a sociedade no longo prazo, de modo a atingir os seus objetivos e responsabilidades.

A atividade de marketing está cada vez mais desenvolvida não só no setor empresarial, como também no setor não lucrativo.

QUESTÕES

1. Acha que todas as organizações devem praticar, de alguma forma, o conceito de marketing? Pode citar alguma organização que não precise particularmente desta orientação?
2. "*Marketing é a ciência que atualiza o potencial de compra de um mercado para um produto específico*". Esta definição reflete o conceito de produto, de venda ou o conceito de marketing?
3. Quais as empresas que mais precisam de aplicar o conceito de marketing?
4. "*Marketing não é simplesmente o trabalho de um grupo de pessoas numa organização, bem como dos responsáveis pela venda dos produtos dessa organização. Todos os membros da organização devem funcionar como um gestor de marketing*". Comente a afirmação.

2
Planeamento e Gestão Estratégica de Marketing

Todas as organizações devem ter uma perspetiva a prazo, isto é, olhar para a frente e desenvolver uma estratégia de longo prazo, tendo em vista ir ao encontro das mudanças constantes da indústria e do setor.

Não há uma estratégia que seja ótima para todas as organizações. Cada uma delas, deve definir o que faz mais sentido, tendo em conta a sua posição na indústria, os seus objetivos, oportunidades e recursos. A difícil tarefa de selecionar a melhor estratégia empresarial no longo prazo, tendo em vista a sobrevivência e crescimento da empresa, chama-se planeamento estratégico.

O marketing desempenha um papel muito importante no planeanento estratégico a longo prazo. O contributo do gestor de marketing pode ser analisado segundo várias perspetivas. Em primeiro lugar, é preciso ter ideias sobre novos produtos e oportunidades de mercado. Em segundo lugar, é necessário avaliar cada nova oportunidade, acima de tudo, se o mercado é suficientemente abrangente e se a empresa tem pontos fortes para agarrar a oportunidade. Em terceiro lugar, é necessário desenvolver um plano de marketing detalhado, definindo que produto, preço, distribuição, tática e estratégia promocional. Em quarto lugar, as pessoas que trabalham no marketing, são responsáveis por implementar o plano. Em último lugar, é necessário avaliar os resultados e implementar medidas corretivas.

O PROCESSO DE PLANEAMENTO ESTRATÉGICO

Nos dias de hoje, as empresas têm que, necessáriamente, planear estratégicamente a longo prazo. Nesta conformidade, o planeamento estratégico é o processo de gestão para desenvolver e manter um equilíbrio entre os objetivos, recursos e as oportunidades. O papel do planeamento estratégico é preparar a organização com a sustentabilidade adequada, mesmo quando alguns dos seus negócios não alcançam o sucesso esperado.

Missão

A missão das organizações deve ser definida de tal modo que inclua os seguintes elementos. Em primeiro lugar, a sua história. Todas as organizações têm uma história de desejos, políticas e realizações que devem ser consideradas na sua definição. Um segundo elemento, são as preferências e objetivos da gestão e dos acionistas. Em terceiro lugar, é sabido que as questões ambientais influenciam as metas da organização. O meio ambiente define as oportunidades e ameaças, pelo que deve ser tomado em conta. Em quarto lugar, os recursos das organizações tornam possível que algumas missões se concretizem e outras não.

A missão deve incluir um conjunto de caraterísticas de modo a que seja muito útil a quem se dirige. Ela deve incluir o tipo de negócios em que a organização está envolvida. Deve ter em conta os grupos de clientes que irá servir, as necessidades que irão ser satisfeitas, bem como a tecnologia que irá satisfazer tais necessidades.

A missão da empresa deve ser tal que motive as pessoas. Os colaboradores devem sentir que o seu trabalho é importante e que estão a contribuir para melhorar a vida das pessoas.

A missão de uma organização deve ser o foco e fonte de energia, para um prazo de longo de dez a vinte anos. A missão não deve ser revista a todo o instante, tendo em conta que, a todo tempo, há mudanças ambientais ou outras.

Objetivos

A missão da organização deve converter-se em objetivos específicos, num sistema de gestão por objetivos. Os objetivos mais comuns são a rendibilidade, o crescimento das vendas, a subida da quota de mercado, a diversificação do risco e inovação, etc. Para serem úteis, os objetivos devem ser hierarquisados, quantificados, realistas e consistentes.

Por norma, uma organização pressegue vários objetivos ao mesmo tempo. Contudo, os objetivos devem seguir uma hierarquia, do mais importante até ao menos importante.

Sempre que possível, os objetivos devem ser estabelecidos em termos quantitativos. Por exemplo, não basta definir como objetivo o crescimento da rendibilidade, é necessário definir que o objetivo é o crescimento da rendibilidade em 12%. Isto é, um objetivo deve ser específico, em termos de magnitude e tempo.

Uma organização deve estabelecer objetivos realistas. O nível dos objetivos a atingir deve ser o resultado de análises às suas oportunidades e recursos e não devem ser estabelecidos níveis que possam ser inatingíveis.

Plano de negócios

Depois da clarificação da sua missão e objetivos, a empresa precisa de rever o seu *portfolio* de negócios e decidir o que fazer em cada negócio. Uma das mais importantes tarefas no planeamento estratégico, é decidir qual o negócio que deve desenvolver, manter ou desmantelar.

Como primeiro passo, as organizações devem claramente identificar os negócios que estão a desenvolver. Se uma empresa tiver 5 divisões, tal não significa que tenha 5 negócios. Uma divisão da empresa pode consistir em vários negócios, se a divisão fabrica produtos diferentes para grupos de clientes diferentes.

O PROCESSO DE GESTÃO DE MARKETING

O processo de planeamento estratégico consiste na definição dos objetivos e o desenvolvimento de um plano de negócios. O processo de gestão de marketing consiste na análise de oportunidades de mercado, pesquisa e seleção de mercados desejados, desenvolver estratégias de marketing, planear táticas de marketing e implementar e controlar o esforço de marketing.

Análise de oportunidades de mercado

A primeira tarefa a desenvolver pela gestão de marketing, deve ser analisar as oportunidades no longo prazo. Tendo em vista a compreensão dessas oportunidades, os gestores de marketing devem analisar o ambiente de marketing, não só a nível micro, como também a nível macro.

A nível micro, o ambiente é composto por todos atores que influenciam a capacidade da empresa para produzir e vender os seus produtos, ou seja, fornecedores, clientes, concorrentes, etc. A este nível, algumas questões podem ser colocadas. O que é que os clientes desejam? Quais são os canais de distribuição mais convenientes? Quais são os fornecedores mais adequados às necessidades da empresa? O que é que os concorrentes estão a fazer?

A nível macro, a empresa tem que acompanhar a situação económica, demografica, política, legal, social e cultural. A este nível, também algumas questões podem ser colocadas. Quais são as zonas geográficas que estão a crescer? Qual a situação da economia? Em que medida esta pode influenciar os negócios da empresa? Quais são as novas tecnologias que poderão melhorar a eficiência da empresa? Em larga escala, quais são as forças que poderão afetar o mercado da empresa?

Pesquisa e seleção dos mercados potenciais

Os gestores de marketing devem recolher informação mais específica, para além da compreensão geral do ambiente micro e macro, ou seja, da forma como os consumidores e os mercados organizacionais funcionam. Eles devem desenvolver pesquisa de marketing e proceder à recolha de informação.

Pesquisa de marketing é um ingrediente indispensável relativo ao conceito moderno de marketing. As empresas precisam de um sistema de contabilidade interna eficiente, de modo a fornecer relatórios sobre vendas, clientes, industria, localização dos clientes, vendedores, canais de distribuição, etc.

Estratégias de marketing

Os gestores de marketing devem refinar a estratégia de marketing e estarem preparados para a ajustarem no futuro. A estratégia de marketing é a lógica de marketing, pela qual se espera atingir os objetivos de marketing. A estratégia de marketing consiste em tomar decisões sobre os gastos de marketing a afetar ao negócio, sobre o *marketing mix*, sobre a forma de alocar tais gastos, tendo em conta as esperadas condições ambientais e concorrenciais.

Os gestores de marketing devem decidir qual o nível de gastos de marketing nessário para atingir os objetivos de marketing. Eles devem também decidir como alocar o orçamento global de marketing às diferentes vertentes do *marketing mix*, que é um dos conceitos chave da teoria de marketing moderno. *Marketing mix* é a mistura das variáveis de marketing controláveis usadas pelas empresas para atingir o nível desejado de vendas em determinados mercados. Poderiam ser considerados muitos elementos para o *marketing mix*. Contudo, têm sido tornados populares os quatro elementos: produto, preço, lugar e promoção.

Nem todos os elementos do *marketing mix*, podem ser ajustados no curto prazo. Uma empresa pode alterar o seu preço, aumentar o tamanho da sua força de vendas e aumentar os seus gastos de advertising no curto prazo. Contudo, ela só poderá desenvolver novos produtos e alterar os seus canais de distribuição no longo prazo. Isto é, a empresa faz menos alterações ao seu *marketing mix* no curto prazo, do que o número de variáveis que esse *mix* sugere.

Táticas de marketing

O planeamento de marketing pressupõe não só o planeamento das estratégias gerais para atingir os objetivos de marketing, mas também as táticas usadas em cada componente do *marketing mix*. Muitas estratégias bem concebidas, falham na sua execução tática.

A variável de marketing mais básica é o produto. Em relação a esta variável, há que decidir as caraterísticas, a forma de embalar, a marca, a política de serviços associados, etc. Uma outra variável é o preço. Em relação a esta variável, há que decidir os preços do retalhista e do grossista, descontos, bónus, condições de crédito, etc. Em relação ao lugar, ele representa todas as atividades que a empresa desenvolve para tornar o produto disponível para os consumidores, podendo envolver grossistas, retalhistas e canais de distribuição diversos. Em relação à promoção, a tática assenta nas várias atividades que a empresa desenvolve para comunicar os méritos dos produtos e convencer os clientes potenciais a comprá-los, como sejam, o advertising, promoção de vendas, publicidade, etc.

Implementação e controlo do esforço de marketing

O último passo no processo de gestão de marketing é a implementação e controlo do plano de marketing. Um plano de nada serve, se não for implementável. Nesta conformidade, as empresas devem formar uma organização de marketing que seja capaz de implementar o plano de marketing. Numa pequena e média empresa, uma só pessoa poderá assumir as funções de pesquisa de marketing, venda, advertising, apoio ao cliente, etc. Numa grande empresa, estas funções deverão ser atribuidas a uma estrutura de pessoas de marketing com as competências para tal.

A eficiência de uma organização de marketing depende não só da forma como está estruturada, como também da forma como o seu pessoal é selecionado, treinado, dirigido, motivado e avaliado. Os responsáveis do marketing devem reunir periodicamente com os colaboradores, no intuito de rever o seu desempenho, valorizar os seus pontos fortes, analisar as suas fraquesas e sugerir a melhor maneira para as corrigir.

Há muitas surpresas à medida que os planos de marketing vão sendo implementados nas organizações empresariais. Estas precisam de procedimentos de controlo para ter a certeza que os objetivos são alcançados. Para além da análise, planeamento e implementação, é necessário o controlo. Podem resumir-se vários tipos de controlo de marketing: o controlo do plano anual, o controlo da rendibilidade e o controlo estratégico.

O controlo do plano anual pretende verificar a concretização dos objetivos de vendas, lucros e outros objetivos estabelecidos no plano anual, o que pode ser verificado nas seguintes etapas: em primeiro lugar, os gestores devem estabelecer objetivos muito concretos por mês, trimestre ou outro período do ano. Em segundo lugar, os gestores devem ter formas de acompanhar o desempenho no mercado. Em terceiro lugar, os gestores devem conhecer as causas dos principais desvios. Em quarto lugar, os gestores de merketing devem decidir a melhor ação corretiva dos desvios encontrados.

O controlo periódico da rendibilidade dos produtos, grupos de clientes e canais de distribuição é de extrema relevância. A análise da rendibilidade de marketing é o instrumento usado para medir a rendibilidade de diversas atividades de marketing. Estudos sobre a eficiência do marketing devem também ser efetuados, tendo em vista o estudo sobre a forma como várias atividades de marketing podem ser desempenhadas de uma forma mais eficiente.

De vez em quando, as empresas devem refletir e reexaminar o seu plano de marketing global para concluir, ou não, se o mesmo continua a fazer sentido. Marketing é uma das áreas onde uma obsolescência rápida dos objetivos, políticas, estratégias e programas é uma possibilidade constante. Tendo em conta estas mudanças rápidas do ambiente de marketing, cada organização deve reavaliar periódicamente a eficência do marketing, através de uma auditoria de marketing.

Para chegar ao seu *marketing mix*, as empresas gerem os seguintes sistemas: o sistema de informação de marketing, o sistema de planeamento de marketing, o sistema de organização de marketing e o sistema de controlo de marketing. Estes sistemas estão relacionados na medida em que a informação de marketing é necessária para desenvolver planos de marketing, os quais são implementados pela organização de marketing, cujos resultados são revistos e controlados.

Através destes sistemas, a organização monitoriza e adapta-se ao ambiente de marketing. Adapta-se ao microambiente, que consiste em intermediários de marketing, fornecedores, concorrentes e publicos em geral. Adapta-se ao macroambiente, que consiste nas forças económicas e demográficas, nas forças políticas e legais, as forças tecnológicas, bem como as forças culturais e sociais. A organização tem em conta os atores e as forças no ambiente de marketing ao desenvolver a estratégia e a estabelecer uma oferta efetiva num certo mercado.

SUMÁRIO

O gestor de marketing é o agente empresarial que interpreta as necessidades do mercado e as transforma em produtos e serviços rentáveis. Para conseguir isso, o gestor usa o processo de planeamento estratégico e o processo de gestão de marketing.

O processo de planeamento estratégico traduz-se num conjunto de passos para desenvolver estratégias de longo prazo para sobreviver e crescer. Este processo consiste na definiçao da missão e objetivos da organização. A missão de uma organização deve definir o negócio em termos de clientes, necessidades e tecnologias.

Planeamento estratégico implica o desenvolvimento de objetivos específicos, como sejam, volume de vendas, crescimento das vendas, quota de mercado, rendibilidade e inovação, para sustentar a missão da organização. Estes objetivos devem ser hierarquizáveis, quantificáveis, realistas e consistentes.

Para corrigir um desvio entre as vendas esperadas e as vendas desejadas, a empresa tem que desenvolver um novo plano de negócios. O processo de gestão de marketing pode ser dividido em vários passos: analisar as oportunidades de mercado, pesquisar e selecionar mercados alvo, desenvolver estratégias de marketing, planear táticas de marketing e implementar e controlar o esforço de marketing.

Em primeiro lugar, analisar oportunidades de mercado. Os responsáveis do marketing devem fazer observações cuidadosas do ambiente de marketing e adquirir um profundo conhecimento da forma como os mercados tomam as suas decisões de compra.

Em segundo lugar, pesquisando e selecionando mercados alvo, implica que o pessoal do marketing desenvolva uma pesquisa de informação de marketing, analise o mercado e faça uma segmentação dos mercados alvo.

Em terceiro lugar, o desenvolvimento de estratégias de marketing requere uma adaptação regular a sucessivas mudanças nos produtos ao longo do seu ciclo de vida, da quota de mercado, da economia, etc.

Em quarto lugar, o planeamento de táticas de marketing, implica que o pessoal do marketing se ajuste a novos elementos do *marketing mix*, de modo que sejam eficientes no atingir dos objetivos de marketing.

Por último, a implementação e controlo do esforço de marketing, implica a existência de uma organização de marketing, dar-lhe responsabilidades para implementar as atividades do plano, monitorizar o desempenho do plano no mercado e tomar medidas corretivas quando necessário. O plano de marketing global deve ser revisto periodicamente, através de uma auditoria de marketing.

QUESTÕES

1. O marketing desempenha um papel relevante no planeamento estratégico das empresas. Discuta a relação que deve existir entre os responsáveis do planeamento e os responsáveis do marketing.
2. Enuncie as diferentes fases que fazem parte do processo de gestão de marketing.
3. Estratégia de marketing e *marketing mix,* são dois conceitos importantes em gestão de marketing. Distinga-os.
4. O controlo do plano anual pretende assegurar que as empresas atingem os seus objetivos, como as vendas e o lucro. Desenvolva as diferentes fases em que o mesmo deve ser implementado.

3
Mercados e o Comportamento do Consumidor

Compreender o comportamento do consumidor de um mercado alvo é uma tarefa essencial da gestão de marketing. Este capítulo desenvolverá a dinamica do comportamento dos consumidores.

O mercado dos consumidores consiste em todos os indivíduos e famílias que adquirem bens e serviços para consumo próprio. Os consumidores são diferentes na idade, rendimento, nível educacional e gosto individual. Os gestores de marketing devem identificar e distinguir estes grupos de consumidores e desenvolver produtos e serviços adequados às suas necessidades. Se um mercado é extenso o suficiente, as empresas devem desenvolver programas de marketing para servir estes mercados.

FATORES QUE INFLUENCIAM O COMPORTAMENTO DO CONSUMIDOR

Os consumidores não tomam as suas decisões de compra de uma forma vazia. As suas aquisições estão altamente influenciadas por fatores culturais, sociais, pessoais e psicológicos. A maioria destes fatores não são controláveis pelos gestores, mas estes devem-nos ter em consideração. Façamos uma análise da influência de cada um deles nas escolhas dos consumidores.

Fatores culturais

Os fatores culturais exercem a influência mais profunda no comportamento do consumidor. Veja-se o papel desempenhado pela cultura, subcultura e classe social do consumidor.

Cultura

A cultura é o determinante mais importante das opções de compra do consumidor. As crianças que crescem numa sociedade, aprendem um conjunto de valores, perceções, preferencias e comportamentos, através de um processo de socialização, que envolve a família e outras instituições chave.

Subcultura

Cada cultura tem grupos mais pequenos de subculturas que fornecem uma identificação mais específica dos seus membros. Podem apresentar-se quatro tipos de subculturas. Os grupos nacionalistas, encontram-se inseridos em comunidades de maior dimensão, apresentando opções e escolhas muito específicas.

Os grupos religiosos, como os católicos ou judeus, representam subculturas com preferências culturais muito concretas. Os grupos raciais, como os negros ou os orientais, têm estilos culturais e atitudes muito distintas. Certas áreas geográficas têm subculturas distintas com estilos de vida muito caraterísticos.

Classe social

Classes sociais são divisões da sociedade com caráter homogéneo, cujos membros têm gostos, interesses e comportamentos similares.

As classes sociais têm as seguintes caraterísticas. Em primeiro lugar, as pessoas dentro de cada classe, tendem a comportar-se de uma forma semelhante, o que não acontece, se se tratar de pessoas de duas classes diferentes. Em segundo lugar, as pessoas ocupam posições sociais diferentes de acordo com a sua classe social. Em terceiro lugar, a classe social de uma pessoa é indicada por um conjunto de variáveis, como o seu rendimento, bem-estar, ou educação. Em quarto lugar, os indivíduos são capazes de mudar de classe social, ao longo da sua vida.

As classes sociais mostram diferentes preferências de produtos e marcas, em áreas como, a roupa, atividades de lazer, viaturas, etc. Os gestores de marketing, por norma, focam os seus esforços numa única classe.

Fatores sociais

O comportamento do consumidor também é influencido por fatores sociais, tais como grupos de referência para o consumidor, família, papéis sociais e família.

Grupos de referência

O comportamento de uma pessoa é fortemente influenciado por muitos grupos, que têm uma influência direta ou indireta sobre as atitutes e comportamento das pessoas. Os grupos primários são grupos informais, com quem se tem uma interação contínua, como a família, os amigos, os vizinhos, etc. Os grupos secundários são grupos formais onde haverá uma menor interação contínua. Incluem-se neste grupo, organizações religiosas, associações profissionais, sindicatos, etc.

Família

Os membros da família podem exercer uma influência forte no comportamento do consumidor. Em primeiro lugar, situam-se os pais dos quais uma pessoa adquire uma orientação religiosa, política e econónica e um sentido de ambição pessoal.

Mesmo que o consumidor não tenha uma interação regular com os seus pais, a sua influência no seu comportamento inconsciente, será sempre relevante. Quando os pais continuam a viver com os filhos, tal influência, ainda é mais significativa. Uma influência mais direta no acomportamento diário do consumidor, é o conjugue e os respetivos filhos.

Estatuto

Qualquer pessoa participa em muitos grupos ao longo da vida, na família, clubes, organizações. A posição de cada pessoa em cada grupo, depende do seu papel e do seu estatuto. O seu papel consiste no conjunto de atividades que cada pessoa pode desempenhar em cada grupo.

Fatores pessoais

As decisões do consumidor também são influenciadas pelas suas caraterísticas pessoais, idade, ocupação, circunstâncias económicas, estilo de vida e personalidade.

Idade

As pessoas alteram as suas opções de compra ao longo da sua vida. Os gestores de marketing devem ter em consideração as transformações de um adulto ao longo da sua vida.

Profissão

O padrão de consumo de uma pessoa é também influenciado pela sua profissão, Uma empresa pode especializar-se em produtos procurados por determinado grupo profissional.

Circunstâncias económicas

A situação eonómica de uma pessoa afeta diretamente as suas opções de consumo. Isto é, o rendimento, poupança e ativos de uma pessoa têm uma influência direta sobre as decisões do consumidor.

Estilo de vida

Pessoas provenientes de algumas subculturas, classes sociais e profissão, podem ter estilos de vida diferentes. O estilo de vida de uma pesssoa, consiste no seu padrão de vida, trduzido nas suas atividades, interesses e opiniões.

Fatores psicológicos

As opções de compra do consumidor são também influenciadas por vários fatores de natureza psicológica, como sejam, a motivação, a perceção, a aprendizagem e crenças e atitudes.

Motivação

As pessoas têm determinadas necessidades em certos momentos. Algumas surgem de estados psicológicos de tensão, tais como o desconforto, a frustação, etc. Outras surgem de estados diferentes de natureza psicológica, como a necessidade de reconhecimento, estima ou pertença.

Perceção

Uma pessoa motivada está pronta para agir. A forma como uma pessoa motivada atua, é influenciada pela perceção da situação. Duas pessoas igualmente motivadas, podem atuar de forma diferente, porque a perceção da situação é diferente. Perceção pode ser entendida como o processo pelo qual um indivíduo seleciona, organiza e interpreta a informação.

Aprendizagem

A aprendizagem e experiência influenciam o comportamento. Ou seja, muito do comportamento humano é o resultado da emprendizagem e da experência obtida.

Crenças e atitudes

Através da sua ação e aprendizagem, as pessoas formatam as suas crenças e atitudes e, em consequência, o seu comportamento enquanto consumidores. Uma crença é um pensamento que uma pessoa retem sobre alguma coisa. Uma atitude descreve a avaliação cognitiva de uma pessoa, sentimentos emocionais e tendências de ação em relação a uma ideia ou objeto. As pessoas têm atitudes em relação a religião, política, roupa, música, etc.

SUMÁRIO

Os mercados têm de ser compreendidos antes dos planos de marketing serem desenvolvidos. O comportamento dos consumidores é influenciado pelos seguintes fatores: culturais, sociais, pessoais e psicológicos. Todos estes fatores fornecem elementos importantes para melhor compreender o comportamento do consumidor.

Antes do planeamento do marketing, uma empresa precisa identificar os seus potenciais clientes e o seu processo de decisão. Algumas decisões de compra envolvem apenas um decisor, outras decisões de compra envolvem vários intervenientes. O papel do gestor de marketing envolve o conhecimento de tais intervenientes, os seus critérios de compra e a influência que têm no comprador.

QUESTÕES

1. Analise a importância dos fatores culturais no comportamento dos consumidores.
2. A decisão de compra é influenciada pelas caraterísticas pessoais do cliente, nomeadamente, a sua personalidade. Analise este fator de natureza pessoal que pode influenciar a decisão de compra.
3. Discuta em que medida o estilo de vida do consumidor pode influenciar a sua decisão de consumo.
4. A motivação individual do consumidor será crucial na decisão de compra. Analise a importância da motivação, como fator psicológico, na decisão de consumo.

4
O Ambiente de Marketing

Uma das maiores responsabilidades dos gestores de marketing é monitorizar e pesquisar o ambiente por novas oportunidades. O ambiente de marketing está continuamente a mostrar novas oportunidades, em bons e maus anos. Também nos mostra novas ameaças, como crises de energia, subida das taxas de juro, recessões profundas e as empresas vêem os seus mercados colapsar.

Os gestores de marketing precisam de uma forma constante, monitorizar um ambiente em mudança. Eles precisam de observar e acompanhar essa mudança em primeira mão. Devem ser oportunos para ajustar as suas estratégias de marketing, para irem ao encontro dos novos desafios e oportunidades.

O ambiente de marketing consiste em todos os atores e forças externas na função de gestão de marketing, que influenciam a capacidade dos gestores de marketing a desenvolver e manter transações com sucesso em mercados alvo.

Deve-se distinguir o microambiente do macroambiente. O microambiente de marketing consiste no conjunto de atores próximos da empresa que influenciam a sua abilidade para servir os mercados: os fornecedores, os intermediários, os clientes, os concorrentes e o público em geral. O macroambiente de marketing consiste no conjunto de forças que afetam a sociedade em geral: demografia, economia, tecnologia, política, leis e regulamentos e forças sociológicas e culturais.

O MICROAMBIENTE DA EMPRESA

O primeiro objetivo de uma empresa é servir e satisfazer um conjunto de necessidades num determinado mercado de uma forma rentável. Para atingir este objetivo, a empresa relaciona-se com um conjunto de fornecedores e com um conjunto de intermediários de modo a chegar ao cliente. O sucesso da empresa também é afetado pelos concorrentes e pelo público em geral. Os gestores da empresa devem em conta todo este conjunto de atores.

A empresa

A gestão de topo estabelece a missão, objetivos, estratégias e políticas. Os gestores de marketing devem tomar decisões no contexto definido pela gestão de topo que deve aprovar as suas propostas. Os gestores de marketing devem ainda trabalhar num relacionamento estreito com todas as outras funções da empresa.

A gestão financeira está preocupada com a disponibilidade de fundos, tendo em vista a implementação do plano de marketing e uma alocação eficiente de fundos aos diferentes produtos, marcas e atividades de marketing. A pesquisa e desenvolvimento foca-se na pesquisa e desenvolvimento de novos produtos com sucesso. O aprovisionamento trata de conseguir as melhores matérias-primas e mercadorias na melhor relação preço e qualidade. A gestão da produção tenta conseguir a capacidade produtiva e pessoal para atingir os objetivos de produção. A contabilidade irá apurar os rendimentos e custos, tendo em vista ajudar o marketing a atingir os seus objetivos.

Os fornecedores

Os fornecedores são entidades empresariais e indivíduos que fornecem recursos necessários para que a empresa possa produzir e fornecer um determinado conjunto de produtos e serviços.

Os desenvolvimentos no ambiente dos fornecedores, poderão ter um efeito substancial, nas decisões de marketing da empresa. Os gestores de marketing necessitam de acompanhar a evolução dos preços dos seus imputs principais. Estes gestores devem também acompanhar a disponibilidade desses recursos necessários à produção. Greves inesperadas, oferta limitada de certos imputs, podem interferir no cumprimento dos objetivos de vendas e por em causa uma boa relação com os clientes no longo prazo. Não será uma boa política de compras, a dependência de um só fornecedor. Torna-se importante construir relações duradoras com os principais fornecedores.

Os Intermediários de Marketing

Os intermediários de marketing são entidades empresariais que ajudam as empresas a promover, vender e distribuir os seus produtos aos consumidores finais. Incluem-se intermediários empresariais, distribuidores, agências de marketing e intermediários financeiros.

Intermediários

São entidades empresariais que ajudam as empresas a chegar ao cliente final, podendo assumir duas formas de intermediação. No primeiro tipo, são agentes a quem é paga uma comissão, baseada no número de ordens de venda realizada. Estes agentes não compram os produtos que são enviados diretamente para os retalhistas ou consumidores finais. O segundo tipo de intermediários, como sejam, os grossistas, retalhistas, ou outros revendedores, compram diretamente à empresa e revendem ao cliente final.

Distribuidores

São empresas de distribuição física dos produtos que podem ser de duas formas: ou armazenar provisóriamente os produtos e distribui-los a seguir, ou distribui-los diretamente ao cliente final. São empresas transportadoras que podem utizar os diferentes tipos de transporte:

ferrovia, terrestre, ou via aérea. Assim, a empresa decidirá qual a forma de transporte que será mais competitiva.

Agências de marketing

As agências de marketing, como sejam, agências de publicidade, agências de advertising, empresas de consultoria, etc., dão apoio às empresas para conseguirem chegar com os seus produtos aos mercados alvo.

Na contratatação deste tipo de agências, as agências devem ser cuidadosas na escolha, já que elas são diferentes em termos de criatividade, qualidade, tipo de serviço e preço. A empresa deve rever periodicamente o desempenho destas agências e substitui-las, caso os resultados alcançados não sejam os esperados.

Intermediários Financeiros

Os intermediários financeiros incluem bancos, seguradoras e outros intermediários financeiros que ajudam a financiar e segurar o risco associado à compra e venda de produtos e mercadorias. Algumas empresas dependem de intermediários financeiros que lhes possam financiar as transações.

O desempenho de marketing das organizações pode ser sériamente afetado por custos de crétito mais elevado, ou por constrangimentos no recurso ao crédito. Por esta razão, as organizações devem desenvolver relações estreitas com estes intermediários financeiros.

Clientes

Os mercados potenciais das organizações podem assumir diversas formas:

- Mercados dos consumidores: são indivíduos ou famílias que adquirem os bens e serviços para consumo;
- Mercados industriais: são organizações que compram os bens e serviços necessários para produzir outros produtos e serviços, no intuito de obter lucros ou atingir outros objetivos;
- Mercados de revenda: são organizações que compram bens e serviços, de modo a revendê-los com lucro;

- Mercados governamentais: são agências governamentais que compram bens e serviços de modo a produzir bens e serviços, ou transferir estes bens e serviços para outros que deles precisam;
- Mercados internacionais: são clientes fora do país, incluindo consumidores estrangeiros, produtores, revendedores e governos.

Cada um destes mercados tem caraterísticas muito diferentes que requerem um estudo profundo por parte do vendedor.

Concorrentes

Uma organização raramente existe sózinha a servir um determinado mercado alvo. O seu esforço ao desenvolver um sistema de marketing eficiente é, normalmente, acompanhado por esforços semelhantes por parte dos seus concorrentes. Estes devem ser identificados, monitorizados e superados no sentido de manter a lealdade dos clientes.

A tarefa de competir de uma forma eficente é de grande relevância. As empresas devem manter um posionamento adequado no mercado, o que passa por ter em conta o tipo de clientes, canais de distribuição, concorrentes e as suas próprias caraterísticas, como empresa. Marketing com sucesso é a melhor forma de conseguir uma sintonia efetiva da empresa com os clientes, canais de distribuição e concorrentes.

O público em geral

Uma organização deve não só ter conta os concorrentes ao procurar satisfazer determinado mercado, mas deve conhecer um conjunto alargado de publicos que poderão ter impacto na sua forma de fazer negócio.

O público consiste em qualquer grupo que poderá ter um impacto atual ou potencial na capacidade de uma organização atingir os seus objetivos. O público pode facilitar ou impedir a possibilidade de uma organização atingir os seus objetivos.

As relações públicas devem ser concebidas como uma vasta operação de marketing. Os públicos são grupos em relação aos quais as organizações querem algumas respostas positivas, como dinheiro.

A maioria das organizações está rodeada de diversos tipos de públicos:

- Financeiros: influenciam a capacidade da empresa em obter financiamento. Incluem-se neste grupo, todo o tipo de instituições financeiras;
- Comunicação social: entidades como jornais, revistas, radio e televisão, poderão servir para uma maior divulgação dos bens e serviços da empresa junto dos consumidores em geral;
- Governo: os gestores devem ter em consideração os diversos departamentos governamentais na formulação dos planos de marketing;
- Organizações de cidadãos: as atividades de marketing das empresas podem ser questionadas por organizações de cidadãos, grupos ambientais, grupos minoritários, etc.
- Organizações locais: a maioria das organizações tem normalmente contacto com publicos locais, como associações de residentes, vizinhos, etc.
- Público em geral: uma empresa deve estar atenta às atitudes do público em geral em relação às suas atitudes e atividades
- Públicos internos: inclui os gestores e, em geral, colaboradores diversos. A motivação deste tipo de públicos internos é importante. O efeito motivador interno pode espalhar-se para o exterior e dar assim, uma imagem positiva da empresa.

O MACROAMBIENTE DA EMPRESA

A empresa, os seus fornecedores, intermediários de marketing, clientes, concorrentes e publicos diversos, funcionam num macroambiente de forças incontroláveis que a empresa deve monotorizar. Este tipo de ambiente consiste em forças demográficas, económicas, físicas, tecnológicas, políticas, legais, sociais e culturais.

Ambiente demográfico

Um dos primeiros fatores que interessa às empresas é a população, porque são as pessoas que fazem os mercados. É importante conhecer a população e a sua distribuição geográfica, densidade, taxas de mortalidade, estrutura racial, ética e religiosa.

Ambiente económico

Os mercados requerem poder de compra, bem como pessoas. O poder de compra total é uma função do rendimento, preços, poupanças e disponibilidade de crédito.

Ambiente tecnológico

A força mais relevante com influência no destino das pessoas é a tecnologia. O crescimento económico é influenciado, à medida que novas descobertas tecnológicas vão surgindo.

Ambiente político e legal

As decisões de marketing são fortemente afetadas por desenvolvimentos na área legal e política. Este ambiente é composto por leis, agências governamentais e grupos de pressão que influenciam e condicionam as organizações e indivíduos na sociedade.

Ambiente cultural e social

As pessoas numa determinada sociedade têm valores e crenças que tendem a persistir. As mais comuns passam de pais para filhos e são reforçadas por diversas instituições societárias: escolas, igrejas, empresas e governos.

SUMÁRIO

O ambiente de marketing é o lugar onde a organização deve começar na pesquisa de oportunidades e na monitorização das ameaças. Consiste em todas as forças e atores que afetam a capacidade da empresa realizar transações efetivas num mercado alvo. Deve distinguir-se o microambiente e o macroambiente.

O microambiente consiste em todos os atores no ambiente próximo da empresa, que afetam a sua capacidade para servir os mercados. Em concreto, a própria empresa, os fornecedores, intermediários, clientes, concorrentes e públicos diversos. A própria empresa consiste nos diversos departamentos influentes, que terão uma palavra a dizer na decisão de gestão de marketing. Os fornecedores, através da sua influência sobre o custo e disponibilidade de imputs, têm influência nas decisões de marketing. Os intermediários que ajudam a encontrarem clientes e distribuem os bens. O próprio mercado alvo consiste em consumidores, produtores, revendedores, agências governamentais. No desenvolvimento da estratégia de marketing, as empresas têm que ter em conta os seus concorrentes. Por último, as empresas relacionam-se com vários tipos de públicos, como o governo, comunicação social, associações cívicas locais, etc.

O macroambiente consiste no conjunto de forças com impacto na vida das organizações: demografia, economia, tecnologia, política e legalidade, cultura e sociedade. O ambiente demográfico em Portugal, traduz-se numa população muito envelhecida com consequências na vida das organizações. No ambiente económico, a taxa de crescimento da economia e a inflação são duas variáveis, entre outras, a ter em consideração. O mesmo acontece com as sucessivas alterações tecnológicas. O ambiente legal e político apresenta muitas vezes impactos ao nível da legislação. Por último, a relevância das forças sociais é cada vez mais forte.

QUESTÕES

1. Os clientes e os concorrentes das empresas são alguns dos atores do microambiente de marketing. Analise a importância de cada um.
2. Suponha que uma empresa de bebidas alcoolólicas está a considerar introduzir no mercado uma bebida considerada adulta mas mais suave, que poderá ser aceitável socialmente como substituta do alcool. Discuta os fatores culturais que poderão afetar a decisão de introdução e o subsequente *marketing mix*.
3. O ambiente demográfico é uma das forças do macroambiente das empresas. Analise a sua importância.
4. A quantidade de legislação que regula os negócios é um dos aspetos a considerar no ambiente político e legal. Analise a sua importância e influência.

5
O Sistema de Informação e Pesquisa em Marketing

A procura de oportunidades no mercado, bem como o antecipar de problemas de marketing, exige a recolha de informação credível. Os gestores não devem desenvolver planos de marketing, proceder à sua implementação e controlo sem um pesquisa prévia de clientes, concorrentes e outros atores do mercado.

Ao longo da história das empresas, os gestores têm-se concentrado no dinheiro, materiais, equipamentos e pessoas, esquecendo frequentemente a informação. É difícil encontrar empresas que estejam satisfeitas com a informação que possuem.

A maioria das pequenas e médias empresas não possue um departamento para pesquisa e recolha de informação de marketing. Algumas empresas poderão ter pequenas seções, alguma análise de vendas e pesquisas ocasionais. Somente algumas empresas com maior dimensão, desenvolveram um sistema de informação de marketing que fornece à gestão análises e informação de marketing numa base regular.

COMPONENTES DE UM SISTEMA DE INFORMAÇÃO DE MARKETING

Algumas empresas estudam as necessidades de informação dos seus gestores e desenham um sistema de informação de marketing que vá ao encontro de tais necessidades, sistema que integra vários inputs de que resultam análises integradas.

Um sistema de informação de marketing é uma estrutura integrada de pessoas, equipamentos e procedimentos, para agregar, escolher, analisar, avaliar e distribuir pelos gestores de marketing, no intuito de melhorar o seu planeamento, implementação e controlo de marketing.

O sistema de informação de marketing pode ser analisado através de vários subsistemas de informação: o sistema de contabilidade interna, o sistema de inteligência de marketing e o sistema de pesquisa de marketing.

O sistema de contabilidade interna

O sistema de informação mais básico utilizado pelos gestores é o sistema de contabilidade interna. É o sistema que regista encomendas, vendas, níveis de inventários, contas a receber e a pagar, etc. Através da análise deste tipo de informação, os gestores de marketing passam a conhecer diversos oportunidades e problemas.

O ciclo de vendas

O coração do sistema de contabilidade é o ciclo de vendas. Os vendedores, os clientes e outros agentes, enviam encomendas para a empresa. Segue-se o processsamento da encomenda, a faturação, movimentação nos inventários e envio ao cliente. As empresas desejam que este ciclo de vendas se desenvolva de uma forma célere e com rigor.

Melhorar o tempo para a preparação de relatórios de vendas

Os gestores de marketing devem receber os relatórios de vendas algum tempo depois. Se as vendas estão em baixo, devem trabalhar com afinco, no sentido de alcançar melhorias até ao próximo relatório. O que acontece, é que nalgumas empresas, tal informação não é tempestiva.

Estruturar um sistema de informação que seja útil

Ao desenhar o seu sistema de informação, o ponto essencial é que ele seja útil. Um sistema de informação pesado com excesso de informação e papel, leva a que os gestores passem muito a analisar tal informação ou a ignorá-la.

Com toda a tecnologia atualmente disponível, o sistema deve selecionar a informação que realmente interessa aos gestores. O sistema de informação de marketing deve ter em conta o que os gestores realmente necessitam, bem como o que é económicamente praticável.

Para ir ao controlo dessas preocupações, dever-se-á conhecer com precisão o que os gestores de marketing, gestores de produto, vendedores, chefes de vendas, pensam. Este conhecimento pode ser obtido através de entrevistas, questionários, etc., no intuito de se conhecer a informação que efetivamente precisam na sua função.

Podem ser colocadas algumas questões para conhecer as necessidades de informação reais:

- Que tipos de decisões têm que tomar regularmente? Que tipo de informação precisam para tomar essas decisões? Que tipos de informação recebem regularmente? Que tipos de estudos específicos solicitam normalmente? Que tipo de informação que não recebem e que gostariam de receber? Que informações necessitam diariamente, semanalmente, mensalmente ou anualmente? Que tipo de revistas e relatórios gostariam de receber numa base regular? Que tópicos específicos gostariam de receber numa base regular? Que tipo de análises específicas precisa?

Os gestores que gostam de muita informação têm que saber distinguir o que é agradável receber e o que realmente é necessário. Ou seja, o sistema de informação deve ser estruturado de modo a fornecer informação para tomar as melhores decisões de marketing.

SISTEMA DE INTELIGÊNCIA DE MARKETING

Enquanto o sistema de contabilidade interna fornece resultados passados, o sistema de inteligência de marketing fornece aos executivos informação atualizada. Este sistema consiste num conjunto de fontes e procedimentos usados pelos gestores para terem informação pertinente permanentemente atualizada, sobre o ambiente de marketing.

Este tipo de informação assenta em livros, jornais, conversas com clientes, fornecedores, distribuidores e outras entidades externas. Adicionalmente, esta atualização resulta de conversas com outros gestores da empresa ou dos próprios concorrentes.

Também pode ser incluida toda a informação trazida pelos colaboradores da área comercial, como sejam, vendedores, chefes de vendas, bem como distribuidores da própria empresa. Estes colaboradores conhecem muito bem a realidade exterior pelo seu permanente contacto local com os consumidores.

Há ainda a referir as empresas especializadas em fornecer informação a um determinado custo. Esta informação inclui relatórios de diversa natureza, nomeadamente, de análise de risco, relatórios e contas dos últimos anos, etc.

SISTEMA DE PESQUISA DE MARKETING

Para além da informação proveniente da contabilidade interna e do sistema de inteligência de marketing, os gestores de marketing necessitam, por vezes, de estudos muito específicos, tendo em vista encarar as oportunidades e os problemas que surgem.

Em conformidade, os gestores de marketing podem necessitar estudos de mercado, previsão de vendas por zona geográfica, ou estudos para analisar a eficiência de advertising num certo contexto. Assim, pesquisa de marketing é o processo de recolha, análise e registo de informação, que seja relevante para uma situação muito específica na vida da empresa.

O âmbito da pesquisa de marketing

A pesquisa realizada pelos profissionais desta área é muito diferenciada e pode incidir sobre o produto, sobre as vendas e mercado, sobre a empresa, etc. Entre as diversas atividades objeto de pesquisa, destacam-se as seguintes: determinação das caraterísticas de mercado, medida do potencial de mercado, análises da quota de mercado, análises de vendas, estudos de tendências de negócios, estudos da competitividade de um produto, estudos de preços, etc.

O processo de pesquisa de marketing

Pesquisa de marketing é desenvolvida para compreender melhor um certo problema de marketing. Os gestores, ao encomendarem estudos, precisam de conhecer melhor as suas potencialidades e limitações, de modo a obterem a melhor informação a um custo razoável.

Uma pesquisa efetiva de marketing envolve várias etapas: definição do problema e objetivos de pesquisa, desenvolver as fontes de informação, recolha da informação, análise da informação e apresentação das conclusões.

Definição do problema e os objetivos da pesquisa

É necessário definir o problema e os objetivos da pesquisa com rigor. Há muita informação que pode ser pesquisada para um problema. A não ser que o problema seja bem definido, o custo da informação recolhida pode exceder o valor dos resultados da pesquisa. Um problema bem definido está parcialmente resolvido.

Desenvolvimento de um plano de pesquisa

É necessário desenvolver o plano de pesquisa mais eficiente, tendo em vista a recolha da informação necessária. A informação a pesquisar pode ser primária ou secundária.

A informação primária é mais onerosa, mas mais relevante para o assunto a ser pesquisado. O procedimento normal é entrevistar as pessoas individualmente ou em grupos. A informação secundária tem a vantagem de menor custo e de rápida disponibilidade. Esta informação pode ser obtida de fontes internas (demonstrações de resultados, relatórios de vendas), bem como de fontes externas (publicações governamentais, livros e jornais).

SUMÁRIO

Informação de marketing é um elemento crítico para um marketing eficiente. A maioria das empresas tem um sistema de informação de marketing, ligando o ambiente externo aos gestores. Em algumas situações, a informação não está disponível, chega tarde ou não é relevante. As empresas devem dar os passos necessários para melhorar o seu sistema de informação de marketing.

Um sistema de informação de marketing bem estruturado, consiste em vários subsistemas, O primeiro subsistema é o sistema de reporting interno, que fornece informação sobre vendas, custos, inventários, cash flows e contas a receber e a pagar.

O segundo subsistema é o sistema de inteligência de marketing, que fornece os executivos com informação diária acerca dos desenvolvimentos do ambiente de marketing externo. Este sistema de informação pode ser melhorado com uma força de vendas bem treinada, com a compra de informação específica e com um departamento interno especializado na recolha deste tipo de informação.

Um terceiro subsistema de pesquisa de informação, envolve a recolha de informação que é relevante para um problema de marketing para o qual a empresa tem de encontrar a melhor solução. É necessário definir o problema e os objetivos de pesquisa, desenhar um plano de pesquisa, recolher informação, analisar a informação e apresentar os resultados e conclusões da pesquisa.

QUESTÕES

1. Quais serão algumas da tarefas de pesquisa para as seguintes áreas: decisões de distribuição, decisões de produto, decisões de adevertising, decisões de preço, decisões de venda pessoal?
2. Um sistema de pesquisa de marketing adaptado às necessidades das empresas, deve ter algumas caraterísticas particulares. Discuta essas caraterísticas.
3. Apesar do crescimento da pesquisa de marketing, algumas empresas ainda não a usam corretamente. Discuta os fatores que poderiam conduzir a uma maior utilização dessa pesquisa.
4. A relação custo/benefício aplica-se ao contexto da relação do valor da informação de marketing e o respetivo custo. Discuta esta relação num contexto de marketing.

PARTE II – **Planeamento e Estratégias de Marketing**

As organizações devem planear as melhores estratégias de aproximação aos mercados ao longo do ciclo de vida dos seus produtos, a desafiar o líder e a defender-se dos seus seguidores e desafiadores, a encarar com confiança, os períodos de escassez, inflação ou recessão, a saber adaptar-se para fazer frente a um mercado cada vez mais global.

6
O Planeamento de Marketing

As organizações não podem sobreviver apenas reagindo ao que está a acontecer. Marketing não planeado resultará em ações e gastos inconsistentes, deixando as organizações vulneráveis a concorrentes melhor preparados. Todas as organizações devem desenvolver planos de marketing e estratégias direcionadas para os mercados.

NATUREZA E CONTEÚDO DE UM PLANO DE MARKETING

Como é que um plano de marketing deve estar estruturado? O nível de detalhe de um plano de marketing depende da gestão de topo. Contudo, este tipo de plano deve incluir as seguintes seções: sumário executivo, ambiente de marketing, análise das forças, fraquezas, oportunidades e ameaças, objetivos a atingir, estratégias de marketing, programas de ação, previsão de resultados, o controlo do plano.

Sumário executivo

O plano de marketing deve ser iniciado com um sumário dos princpais objetivos e recomendações. Este resumo permite à gestão de topo uma rápida perceção da linha orientadora do rumo da empresa.

Ambiente de marketing

Esta seção do plano apresenta a informação mais relevante relativa ao mercado, produto, concorrência, distribuição e macroambiente de marketing.

O mercado

É apresentada a dimensão do mercado e a taxa de crescimento por zona geográfica. A informação deve ser também apresentada tendo em conta a perceção das necessidades dos clientes e as tendências do comportamento do consumidor.

O produto

A informação sobre vendas, preços, margens de contribuição e resultados líquidos, deve ser apresentada para os produtos principais ao longo dos últimos anos.

A concorrência

Devem ser identificados os principais concorrentes, que devem ser analisados tendo em conta o tamanho, objetivos, quota de mercado, qualidade dos produtos, estratégias de marketing e outras caraterísticas que sejam adequadas a um melhor conhecimento do seu comportmento e objetivos.

A distribuição

Informação sobre a importância de cada canal de distribuição, os preços e outras condições ligadas à distribuição.

O macroambiente

Devem ser apresentadas as tendências do macroambiente em geral: a demografia, a economia, a tecnologia, as condições políticas, legais, culturais e sociais, que poderão ter impacto no futuro de uma determinada gama de produtos.

Análise das forças, fraquezas, oportunidades e ameaças

Oportunidades e ameaças

Aqui devem ser identificadas as maiores oportunidades e ameaças que o negócio poderá ter que enfrentar. São fatores externos que podem afetar a vida das empresas. Os gestores devem ordenar tais oportunidades e ameaças, de modo a que as mais importantes sejam devidamente analisadas.

Forças e fraquezas

Os gestores devem identificar as suas forças e fraquezas, que são fatores de natureza interna. As forças potenciam o sucesso de uma certa estratégia da empresa. As fraquezas dão a conhecer algumas situações em que a empresa está menos bem, devendo tomar medidas corretivas.

Objetivos

Conhecida a realidade como resultado das oportunidades, ameaças, forças e fraquezas, a empresa tem que tomar decisões sobre os objetivos a alcançar. Estes objetivos estarão na base da definição de estratégias e linhas de ação. Os objetivos são, em geral, de dois tipos: objetivos financeiros e objetivos de marketing.

Objetivos financeiros

Todas as empresas procuram atingir alguns objetivos financeiros, procurando os acionistas um retorno ao seu investimento, no médio e longo prazo.

Objetivos de marketing

De acordo com os objetivos financeiros definidos, a empresa estabelecerá os objetivos de marketing a atingir, como sejam, as vendas, a quota de mercado, etc.

Os objetivos devem ser estabelecidos de uma forma clara, quantificados e passíveis de realizar num determinado período de tempo. Devem ser consistentes com a estratégia escolhida e devem ser estabelecidos de uma forma hierárquica, com realçe para os grandes objetivos. Os objetivos devem ser realistas e passíveis de alcançar.

Estratégia de marketing

A estratégia de marketing é a forma que a empresa usa para alcançar os objetivos, consistindo num conjunto de decisões sobre mercados, posicionamento e mix de marketing, bem como o nível de gastos de marketing.

Ao desenvolver a estratégia de marketing, os gestores têm que tomar um conjunto de decisões. Cada objetivo pode ser atingido através de formas muito diferentes. A formulação da estratégia de marketing implica tomar decisões entre as diversas opções estartégicas.

Os gestores podem escrever a estratégia de marketing seguindo os formatos mais diferenciados.

As formas mais usuais para escrever a estratégia de marketing são as seguintes: a forma meramente descritiva e a forma mais organizada, através da definição dos principais instrumentos de marketing.

Esta última forma, pode incluir as seguintes definições relacionadas com a estratégia: mercado alvo, posicionamento, linha de produtos, preço, canais de distribuição, força de vendas, serviço, advertising, promoção de vendas, pesquisa e desenvolvimento e pesquisa de marketing.

Ao desenvolver a estratégia, os gestores precisam de discutir uns com os outros. Da maior ou menor cooperação entre os diversos gestores, resultará o maior ou menor sucesso da implementação da estratégia.

Programas de ação

A estratégia de marketing pressupõe um conjunto de linhas orientadoras sobre a forma como os gestores irão atingir os objetivos do negócio. Cada elemento da estratégia de marketing deve ser desenvolvido em seções individualizadas de modo a responder às seguintes questões: O que é que vai ser feito? Quando será feito? Quanto é que custará?

Demonstração de resultados previsional

O plano de ação deve incluir uma previsão de resultados traduzida num orçamento. Do lado dos rendimentos, mostra a previsão de vendas em unidades e o preço de venda esperado. Do lado da despesa, apresenta o custo de produção, da distribuição, do marketing, etc. A diferença é o lucro esperado. Depois de aprovado, o orçamento é a base para o desenvolvimento dos planos individuais, incluindo as operações de marketing.

Controlos

A última fase do plano deve incluir os controlos que devem ser aplicados, tendo em vista a monitorização do progresso do plano. Os resultados obtidos devem ser comparados com o orçamento numa base regular, ao mês ou ao trimestre. Através de uma análise de desvios, os gestores verificarão a forma como os objetivos estão a ser atingidos.

O sistema de controlo deve incluir planos de contingência. Um plano de contingência deve estabelecer os passos que os gestores deverão implementar para fazer face a situações adversas que possam surgir, como uma guerra de preços ou uma greve.

EFICIÊNCIA NA ALOCAÇÃO DE RECURSOS DE MARKETING

Depois de descrever como os planos de marketing devem ser elaborados, a questão é saber como é que os gestores podem melhorar o seu planeamento de marketing. Podem ser feitas muitas análises, tendo por base modelos e programas diversos. É importante perceber, por exemplo, como é que as vendas e os lucros respondem a diferentes combinações de gastos de marketing, do marketing-mix.

Planeamento da otimização do lucro

Suponha-se que os gestores pretendem encontrar o marketing mix que possa maximizar os lucros no próximo ano. Isto requere que se saiba de que forma cada elemento do marketing-mix pode influenciar as vendas. Pode ser usada uma função em que as vendas serão a variável dependente e as componentes do marketing mix, as variáveis independentes. Esta função descreve a relação entre o volume de vendas e um elemento particular do marketing mix.

A função de otimização do lucro baseada nas vendas, estima o volume de vendas durante um período de tempo associado a níveis diferentes de um elemento do marketing mix, considerando que todos os outros elementos se mantêm constantes.

Projeção de lucro a longo prazo

Existem programas informáticos que ajudam os gestores de marketing a construir e testar estratégias de longo prazo, tendo em vista o desenvolvimento de um produto ou de um mercado. Um gestor de marketing poderá querer estimar, para um certo produto, os custos esperados, preços, vendas, lucros, cash flow e taxa de rendibilidade para os próximos anos, como indicação se esse produto deverá ser mantido ou não.

Otimização do *marketing mix*

A teoria de otimização de lucro procura o nível de despesas de marketing que conduza à otimização do lucro. A questão está em dividir de uma forma ótima as despesas do marketing mix que conduzam ao maior lucro possível. Em concreto, os diferentes elementos do marketing mix são parcialmente substituidos uns pelos outros. As empresas procuram maximizar as vendas baixando o preço, aumentando a força de vendas, reforçando o orçamento de advertising ou o orçamento de promoções. O objetivo final é encontrar o *marketing mix* que otimize o lucro.

SUMÁRIO

Nem todas as empresas têm planeamento de marketing e nem todas as empresas que o têm, fazem um uso correto do mesmo. Ainda assim, o planeamento de marketing tem benefícios, incluindo um pensamento mais sistemático, uma maior coordenação dos esforços, uma melhor avaliação do desempenho, com o objetivo de melhorar as vendas e os resultados.

O planeamento nas empresas envolve um sistema de gestão e controlo orçamental, planeamento anual e planeamento a longo prazo, bem como planeamento estratégico. Um plano de marketing pode ter vários usos, incluindo o plano de médio e longo prazo.

O conteúdo do plano de marketing varia de empresa para empresa mas, no mínimo, deve ter um sumário executivo, o ambiente de marketing, análise de forças, fraquezas, oportunidades e ameaças, objetivos, estratégia de marketing, programas de ação, previsão de resultados e controlos do plano.

De forma a planearem de uma forma eficaz, os gestores de marketing devem compreender a relação crucial entre as diferentes despesas de *marketing mix* e as vendas e o lucro. O planeamento da otimização do lucro procura determinar o nível ótimo de despesas de marketing, *marketing mix* e alocação de marketing.

QUESTÕES

1. A análise de oportunidades e ameaças é uma parte importante do plano de marketing, para que os gestores sejam conhecedores dos fatores externos com que têm que lidar e ações possíveis que devem desenvolver. Desenvolva este tipo de análise para uma empresa que conheça.
2. A análise das forças e fraquezas, é uma parte importante do plano de marketing, para que os gestores sejam conhecedores dos fatores internos com que têm que lidar e ações possíveis que devem desenvolver. Desenvolva este tipo de análise para uma empresa do seu conhecimento.
3. Ao estruturar um plano de marketing, qual deve ser o conteúdo mínimo que deve ser considerado?
4. A estratégia de marketing deve constar obrigatóriamente do plano de marketing. Discuta os elementos essenciais que devem ser definidos na estratégia de marketing.

7
Estratégias de Marketing ao Longo do Ciclo de Vida do Produto

Durante a vida de um produto, as empresas necessitam reformular a estratégia de marketing por diversas vezes, como resultado de alterações das condições do mercado. Os gestores sabem que cada produto tem o seu próprio ciclo de vida, embora a forma e duração exata não seja possível conhecer antecipadamente.

Em segundo lugar, as estratégias de marketing devem ser adaptadas não só aos consumidores finais, mas também aos concorrentes, que estão, muitas vezes, a servir esses mesmos consumidores. A estratégia de marketing está dependente do tamanho da empresa e da sua posição na indústria. Grandes empresas podem praticar estratégias que não estão ao alcance das empressa pequenas. Contudo, ser grande não basta, há estratégias certas e erradas para as grandes empresas.

Em último lugar, as empresas precisam de saber ajustar as suas estratégias de marketing a estados diferentes da economia, atuais e esperados. As estratégias não podem ser iguais em períodos em que muitas empresas se encontram ao mesmo tempo numa fase de escassez de produção. O mesmo acontecerá num período de inflação que, por norma, se segue ao período anterior. Por último, em períodos de recessão, como resultado de taxas de inflação elevadas que prejudicaram a economia, devido às medidas anti inflacionárias decretadas pelos governos, também as empresas têm que ajustar as suas estratégias de marketing.

Os gestores sabem que cada produto tem o seu ciclo de vida, embora desconheçam a sua duração. Depois do seu lançamento, os seus responsáveis desejam uma vida longa com lucros, de modo a poderem recuperar o esforço desenvolvido e o risco assumido.

Ao longo do ciclo de vida de um produto, as empresas necesitam reformular a sua estratégia de marketing por diversas vezes, como resposta às constantes alterações do ambiente de marketing. O potencial de vendas de um produto e a sua capacidade para gerar lucros varia com o tempo. O ciclo de vida de um produto é uma forma para reconhecer estados diferentes na vida do produto.

Considerando esta evolução dos produtos, existem oportunidades e problemas diferentes, no que diz respeito à estratégia de marketing e potencial de rendibilidade. Identificando o estado em que cada produto está, ou como poderá evoluir para a frente, as empresas podem desenhar planos de marketing melhores.

As quatro fases do ciclo de vida de um produto são a introdução, crescimento, maturidade e declínio.

FASE DA INTRODUÇÃO

É o período de forte crescimento das vendas, à medida que o produto vai sendo introduzido no mercado. Não existem lucros nesta fase, devido aos gastos consideráveis para a introdução do produto. A introdução começa quando o produto novo começa a ser distribuido, ficando disponível para compra.

Neste ciclo de introdução, os lucros são muito baixos ou há mesmo prejuízo, devido às vendas reduzidas e gastos de distribuição elevados. Ao mesmo tempo, os gastos promocionais atingem um montante muito elevado, pela necessidade de informar os consumidores potenciais acerca do novo produto.

Nesta fase da vida do produto, os preços e margens tendem a ser elevados para poderem compensar eventuais problemas tecnológicos do processo produtivo ainda não totalmente resolvidos, bem como para fazer face a um grande esforço promocional, absolutamente necessário, para atingir o crescimento necessário.

Estratégias de marketing na fase da introdução

No lançamento de um novo produto, os gestores de marketing devem estabelecer uma orientação estratégica relativamente ao preço a praticar, promoção a desenvolver, canais de distribuição e qualidade do produto. Considerando as variáveis preço e promoção, podem ser definidas as seguintes estratégias:

Estratégia de rápido lançamento

A estratégia de rápido crescimento consiste no lançamento de um produto novo a um preço alto e com um nível promocional elevado. A empresa leva um preço alto para conseguir lucros logo que possível. Os gastos promocionais são elevados para convencer o mercado dos méritos do produto, mesmo tendo um preço alto.

Os custos promocionais elevados pretendem uma entrada rápida no mercado. Esta estratégia faz sentido, tendo por base os seguintes pressupostos: (i) Uma grande maioria do mercado potencial, desconhece o produto; (ii) Os consumidores que conhecem o produto estão ansiosos por o adquirir e disponíveis para pagar o preço do produto; (iii) A empresa tem uma concorrência forte e pretende uma rápida divulgação da marca.

Estratégia de lançamento lento

A estratégia de lançamento lento consiste no lançamento de um produto novo a um preço alto e com um nível promocional baixo. A empresa leva um preço alto para conseguir lucros logo que possível. Os gastos promocionais são baixos para manter os gastos de marketing a um nível baixo.

Esta combinação de preço alto e custos promocionais baixos, pretende conseguir retirar o maior lucro possível. Esta estratégia faz sentido, tendo por base os seguintes pressupostos: (i) O mercado é limitado em tamanho; (ii) A maioria dos consumidores conhece o produto; (iii) Os compradores estão disponíveis para pagar o preço alto; (iv) Concorrência potencial não é esperada.

Estratégia de rápida penetração

A estratégia de rápida penetração consiste no lançamento de um produto novo a um preço baixo e com custos promocionais elevados. Com esta estratégia, pretende-se conseguir uma rápida penetração no mercado.

Esta estratégia faz sentido, tendo por base os seguintes pressupostos: (i) O mercado é de grande dimensão; (ii) A maioria dos consumidores não conhece o produto; (iii) Os compradores são sensíveis ao preço; (iv) Existe uma concorrência bastante forte; (v) Os custos de fabricação caem com economias de escala e com uma experiência acumulada de produção.

Estratégia de penetração lenta

A estratégia de penetração lenta consiste no lançamento de um produto novo a um preço baixo e com custos promocionais baixos. Os preços baixos têm como objetivo uma rápida aceitação do produto e as empresas mantêm os custos de promoção baixos de modo a conseguir mais lucros. Com esta estratégia, acredita-se que a procura é fortemente elástica em relação ao preço e não elástica relativamente aos gastos promocionais.

Esta estratégia faz sentido, tendo por base os seguintes pressupostos: (i) O mercado é de grande dimensão; (ii) A maioria dos consumidores conhece o produto; (iii) Os compradores são sensíveis ao preço; (iv) Existe alguma concorrência.

As empresas não devem escolher uma destas estratégias de forma arbitrária. Devem, isso sim, escolher a estratégia de uma forma cuidadosa.

FASE DE CRESCIMENTO

A fase do crescimento é caraterizada por um crescimento muito forte das vendas. Novos concorrentes entram no mercado, atraidos por oportunidades de produção em larga escala e lucro. Os preços mantêm-se onde estão ou decrescem ligeiramente, à medida que a procura cresce consideravelmente. As empresas mantêm os seus gastos promocionais ao mesmo nível ou com um ligeiro decréscimo, para fazer face à concorrência. As vendas crescem rápidamente, tal como os lucros.

Estratégias de mercado na fase de crescimento

Durante esta fase de crescimento, a empresa usa diversas estratégias, para manter o crescimento do mercado o mais tempo possível:

- Melhorar a qualidade do produto e acrescentar caraterísticas novas aos produtos;
- Entrar em novos segmentos de mercado;
- Utilizar novos canais de distribuição;
- Alternar as técnicas de marketing utilizadas;
- Baixar os preços de modo a atrair potenciais compradores sensíveis ao preço.

As empresas que sigam estas estratégias de expansão, conseguirão melhorar a sua posição competitiva. Contudo, esta melhoria tem um custo. Uma empresa na fase de crescimento, tentará chegar ao equilíbrio entre mais quota de mercado e maior lucro. Uma empresa que invista na melhoria do produto, em promoções, poderá conseguir uma posição confortável no mercado, até pode ser dominante. Tudo passa por sacrificar mais lucro agora, na esperança de o obter no futuro.

FASE DE MATURIDADE

É o período em que se verifica um decréscimo substancial das vendas, porque o produto já foi aceite pelos potenciais compradores. Os lucros estabilizam ou decrescem devido ao esforço de marketing para defender o produto dos concorrentes. A taxa de crescimento das vendas sofrerá um decréscimo. Esta fase é normalmente mais longa do que as fases anteriores e significa um conjunto de desafios para os gestores de marketing.

Esta fase de maturidade pode ser separada em várias subfases. Em primeiro lugar, a maturidade de crescimento. Neste subfase, a taxa de crescimento das vendas começa a baixar, devido a alguma saturação dos canais de distribuição. Em segundo lugar, a maturidade estável, em que se verifica uma saturação do mercado. Nesta subfase, a maioria dos consumidores potenciais já experimentaram o produto e vendas futuras dependerão do crescimento da população. Por último, a maturidade decadente, em que as vendas decrescem em termos absolutos e os clientes optam por produtos substitutos.

Estratégias de mercado na fase de maturidade

Muitas empresas desistem dos produtos que já atingiram a fase de maturidade, acreditando que nada mais podem fazer. Elas pensam que o melhor é direcionar o dinheiro para outros produtos em desenvolvimento. Esta ideia ignora a baixa taxa de sucesso de novos produtos e o alto potencial que alguns produtos antigos ainda têm.

Em alternativa, os gestores de marketing podem pensar em estratégias diferentes para esta fase, que são as seguintes:

Procura de novos mercados

A empresa pode procurar expandir os mercados para as suas marcas, trabalhando em duas variáveis que influenciam o volume de vendas: número de consumidores e o consumo unitário de cada um.

Tendo em vista aumentar o número de consumidores, podem ser implementadas as seguintes estratégias:

- Conseguir que os não consumidores se sintam interessados pela marca;
- Entrar em novos segmentos de mercado, que usem o produto mas não a marca da empresa;
- Ganhar clientes aos concorrentes. A empresa pode trabalhar para atrair clientes dos concorrentes para começarem a consumir produtos da marca da empresa.

Tendo em vista conseguir um maior consumo individual do produto da marca da empresa, poderão ser consideradas as seguintes estratégias:

- Uso mais frequente: a empresa pode convencer os clientes a um consumo mais frequente;
- Maior consumo em cada ocasião: a empresa pode convencer os consumidores a utilizarem uma maior quantidade do produto, sempre que ele é usado;
- Novas e mais variadas utilizações: a empresa pode tentar descobrir novas formas de utilização do produto e convencer as pessoas a um uso mais frequente.

Alterações no produto

Os gestores podem dar um novo impulso às vendas através da alteração das caraterísticas dos produtos, de modo a atrair novos consumidores ou conseguir mais consumo por parte dos atuais clientes. O relançamento do produto pode assumir várias formas:

- Uma estratégia de melhoria da qualidade do produto, melhorando as suas caraterísticas. Esta estratégia só se tornará efetiva até ao ponto em que a qualidade pode ser melhorada e que seja reconhecida pelos consumidores;

- Uma estratégia de aumento as potencialidades do produto (tamanho, materiais, acessórios, etc.), que aumente a versatilidade e segurança do produto;
- Uma estratégia de melhoria do estilo, de modo a que o produto possa ganhar um estilo próprio e diferente. Esta estratégia tem a vantagem de conferir ao produto uma identidade de mercado única, que crie uma lealdade ao produto. Esta estratégia tem o problema de ser difícil prever se o novo estilo irá ser aceite e quem poderá gostar desse estilo. Em segundo lugar, alterações de estilo implicam o descontinuar do estilo antigo, sabendo que haverá consumidores que preferem ainda esse estilo antigo.

Alterações do marketing-mix

Os gestores podem também estimular as vendas através da modificação de um ou mais elementos do marketing-mix. Há questões chave que podem ser colocadas sobre os vários elementos do marketing-mix que poderão levar a uma melhoria da procura de um produto na fase de maturidade:

- Preços: será que uma descida dos preços poderá atrair os atuais ou novos clientes? Se sim, de que forma? Fazendo descontos, melhorando as condições do crédito ou através de outra maneira? Ou será melhor aumentar o preço para sugerir melhor qualidade?
- Distribuição: será que os atuais canais de distribuição são os mais adequados? Deve a empresa distribuir o produto através de outros canais de distribuição?
- Advertising: as despesas de advertising devem ser aumentadas? Deve a mensagem a ser transmitida, ser ajustada? Deve o timing, frequência e o tamanho dos placards ser alterado?
- Promoção de vendas: deve a empresa melhorar as condições relativas à promoção de vendas?
- Venda direta: deve o número e a qualidade dos vendedores envolvidos na venda direta ser alterado? Deve a especialização dos vendedores ser diferente? Devem as áreas geográficas de atuação ser

ajustadas? Pode a venda direta ser planeada por telefone ou de outra forma?

– Serviços: pode a empresa melhorar o tempo de entrega? Deve-se conceder mais crédito aos clientes? Pode-se melhorar a assistência técnica aos clientes?

Um grande problema com alterações ao *marketing-mix*, é o facto de serem facilmente imitadas pelos concorrentes, acima de tudo, reduções de preço, serviços adicionais, etc. A empresa poderá não ganhar tanto como esperava e, de facto, todas as empresas sofrem uma diminuição dos resultados quando existem guerras com os concorrentes.

FASE DO DECLÍNIO

Na fase de declínio, a venda da maioria dos produtos e marcas decresce. O decréscimo das vendas pode ser lento ou rápido. As vendas podem cair para zero, ou podem manter-se a um nível baixo, ou continuar por muitos anos, a esse nível.

As vendas decrescem por várias razões, incluindo avanços tecnológicos, alteração de gosto dos consumidores, bem como devido a uma concorrência nacional e estrangeira. Este facto implica sobrecapacidade produtiva e erosão dos lucros.

À medida que os lucros caiem, algumas empresas saiem do mercado. As empresas que ficam no mercado, reduzem o número de produtos que oferecem. Poderão retirar-se de segmentos de mercado mais pequenos e canais de distribuição marginais. Devem cortar no orçamento de marketing e reduzir ainda mais os preços.

Por muitas e variadas vezes, a lógica tem um papel decisivo. Os gestores podem acreditar que a venda de produtos melhorará logo que o mesmo aconteça com a economia, ou quando a estratégia de marketing é ajustada. Os gestores podem também manter o produto para que consigam vender outros produtos.

Ou seja, a não ser que haja razões fortes para manter o produto, a manutenção de um produto fraco custa muito dinheiro à empresa. O esforço associado a esta estratégia não são apenas os custos e lucros não recuperados, mas também o tempo gasto pelos gestores.

O maior custo associado à manutenção de um produto na fase de declínio, poderá surgir no futuro. Não eliminando o produto no tempo certo, estes produtos fracos irão implicar um atraso na definição dos produtos que os irão substituir.

Quando uma empresa decide acabar com um produto, esta terá que tomar outras decisões. Em primeiro lugar, poderá vender ou transferir o negócio desse produto para outra empresa, ou acabar tudo de imediato. Em segundo lugar, tem que decidir se segue com o negócio de uma forma rápida ou lenta. Em terceiro lugar, qual deverá ser a proporção de inventário a manter para servir clientes antigos.

Estratégias de marketing na fase de declínio

Uma empresa enfrenta decisões difíceis para gerir a situação de produtos na fase de declínio, que são as seguintes:

Identificação dos produtos fracos

A primeira tarefa passa por identificar os produtos maos fracos. Nesse sentido, poder-se-ão considerar vários passos:

- Escolha dos responsáveis das áreas da produção, comercial, marketing e finanças, que procederão à identificação desse tipo de produtos;
- Estes responsáveis desenvolvem um sistema para identificar os produtos mais fracos;
- O departamento de controlo de gestão fornece a informação necessária para cada produto, apresentando as tendências para o tamanho do mercado, quota de mercado, preços, custos e lucros.
- Esta informação é analisada tendo em vista identificar os produtos mais duvidosos. Como critérios, pode considerar-se o número de anos de decréscimo das vendas, as tendências do tamanho de mercado, a quota de mercado, a margem de lucros bruta e o retorno do investimento.
- Os produtos considerados como duvidosos são analisados com os seus responsáveis. Os gestores definirão a forma como a evolução das vendas e lucros desses produtos irá acontecer, com e sem alterações da estratégia de marketing.

– Por último, os diferentes responsáveis, após a análise de todas as informações, apresentam a recomendação para cada produto duvidoso: manter como está, alterar a estratégia de marketing ou retirar do mercado.

Definição das estratégias de marketing

Algumas empresas abandonam os mercados em declínio mais cedo do que outras. Tudo dependerá das barreiras à saída. Quanto menos barreiras existirem, mais fácil será para as empresas deixarem a industria e mais tentador será para as empresas que ficam cativar os clientes das empresas que saiem. As empresas que ficam, terão um crescimento das vendas e dos lucros. Assim, uma empresa terá que decidir se deve ficar no mercado até ao fim do ciclo.

Para indústrias na fase de declínio, podemos identificar algumas estratégias que uma empresa poderá seguir:

– Aumentar o investimento da empresa para obter um boa posição competitiva;
– Manter o nível de investimento da empresa até ao momento em que algumas incertezas sejam clarificadas;
– Baixar o montante de investimento de uma forma seletiva;
– Tentar rentabilizar o investimento anterior de forma rápida, de modo a receber dinheiro rápidamente;

Desinvestimento do negócio de uma forma rápida

A estratégia de declínio apropriada é uma função da atratividade relativa da indústria e da força competitiva da empresa nessa indústria. Por exemplo, uma empresa que se encontra numa industria não atrativa e, mesmo assim, tem força competitiva, deve considerar contrair a sua atividade de uma forma seletiva. Se essa empresa se encontra numa industria atrativa e tem força competitiva, deve considerar aumentar ou manter o mesmo nível de investimento.

Se uma empresa com uma marca de elevado reconhecimento, decide optar por uma estratégia de desinvestimento, as suas vendas continuarão por um longo período de tempo, mesmo com um modesto investimento

A estratégia de saída

Quando uma empresa decide retirar um produto do mercado, ela vai deparar-se com outras decisões. Em priemiro lugar, ela pode vender ou transferir o produto para outra empresa, ou fazer com que ele saia totalmente do mercado. Em segundo lugar, ela tem que decidir se retira o produto rápidamente ou de uma forma lenta. Em terceiro lugar, a empresa tem que decidir com que dimensão mantém a sua estrutura, de modo a dar apoio aos clientes antigos.

O CONCEITO DE CICLO DE VIDA DO PRODUTO (CVP)

O conceito CVP é usado pelos gestores comerciais e de marketing para interpretar a dinâmica dos produtos e do mercado. A sua utilidade é variável de acordo com as diferentes situações na tomada de decisões. Como instrumento de planeamento, o conceito CVP carateriza os principais desafios de marketing em cada fase do ciclo e sugere as principais estratégias de marketing que a empresa pode implementar.

Como instrumento de controlo, o conceito CVP permite à empresa comparar desempenho do produto em relação a produtos semelhantes no passado. Como instrumento de previsão, o conceito CVP é de menor utilidade, tendo em conta que a história das vendas pode apresentar padrões diversos e as fases são de duração variável.

À teoria do CVP surgem criticas variadas. Os críticos sugerem que os padrões do ciclo de vida são variáveis e que as diferentes fases não têm durações previsíveis. Ou seja, os críticos defendem que não existe uma sequência fixa de fases e uma duração fixa de cada uma. Também defendem que os gestores, muitas vezes, não conseguem garantir em que fase do ciclo é que o produto se encontra. Na verdade, os críticos sustentam que o conceito do CVP é um artefacto das estratégias de marketing usadas e não um caminho que necessáriamente as vendas de um produto têm que seguir. Por outras palavras, as vendas de um produto não seguem um ciclo natural e inevitável. O conceito CVP é o resultado, não a causa, das estratégias de marketing seguidas pela empresa.

Em conformidade, se as vendas estão a decrescer, os gestores não devem concluir que a marca está inevitavelmente na fase de declínio do seu ciclo de vida. Se deixam de investir numa determinada marca, as vendas ressentem-se, dando assim a ideia de que um produto está no fim do seu ciclo de vida. Em vez disso, a gestão deve examinar todas as formas de estimular as vendas: alterar a composição da carteira de clientes, ajustar o posicionamento da marca ou o marketing-mix. Apenas quando a empresa não encontra a estratégia para dar a volta às vendas, se pode concluir que o produto atingiu a fase do declínio do seu ciclo de vida.

Por último, a melhor estratégia de marketing para ser seguida numa determinada fase do ciclo de vida, não é a que é defendida no conceito CVP. Cada empresa precisa de desenvolver a sua própria estratégia em cada fase do ciclo de vida, não devendo seguir a estratégia seguida por outras empresas.

O CONCEITO DE EVOLUÇÃO DE MERCADO

O conveito de CVP assenta no que está a acontecer num produto particular ou marca, em vez de se preocupar com o que está acontecer no mercado global. Este conceito está orientado para o produto e não para o mercado. Nesta conformidade, deve ser complementado com a teoria que analise a evolução do mercado por si, bem como as oportunidades emergentes. As empresas precisam de encontrar uma forma de antecipar o mercado e a forma como é afetado por novas necessidades, concorrentes, tecnologia, canais de distribuição e outros desenvolvimentos.

Fases na evolução do mercado

Um mercado evolui normalmente por várias fases: cristalização, expansão, fragmentação, reconsolidação e encerramento do mercado.

Fase de cristalização do mercado

Antes de um mercado se materializar em termos reais, ele existe na sua forma latente. Um mercado latente consiste num conjunto de pessoas que têm necessidades semelhantes, ou querem alguma coisa que ainda não existe. A questão que se coloca ao empresário é desenhar um produto ótimo que seja aceite por este mercado. Assim, poder-se-ão colocar as seguintes estratégias:

- Estratégia para um nicho de mercado único, em que o novo produto pode ser desenhado para ir ao encontro das preferências de um nicho de mercado muito singular e individualizado.
- Estratégias para nichos de mercado múltiplios, em que dois ou mais produtos podem ser lançados em simultâneo, tendo em vista alcançar duas ou mais áreas de mercado.
- Estratégia de massificação do mercado, em que o novo produto pode ser desenhado para o mercado em geral.

Para empresas pequenas, a estratégia para um nicho de mercado único faz mais sentido, já que uma empresa possui recursos insuficientes para chegar a um mercado mais massificado. Para este tipo de empresas, faz mais sentido desenvolver um produto especializado e tentar alcançar um nicho de mercado bem definido, que não atraia concorrentes por muito tempo. Para as grandes empresas, faz mais sentido um direcionamento para um mercado massificado.

Fase de expansão do mercado

Uma questão interessante pode surgir a seguir. Qual deverá ser a estratégia de uma segunda empresa que decida entrar nesse mercado? Aqui começa a fase de expansão do mercado. Uma segunda empresa poderá seguir uma das seguintes estratégias:

- Estratégia para um nicho de mercado único;
- Estratégias para nichos de mercado múltiplios, em que dois ou mais produtos podem ser lançados em simultâneo;
- Estratégia de massificação do mercado, em que pode colocar a sua marca próximo do primeiro concorrente.

Fase de fragmentação do mercado

Nesta fase, todas as empresas que entram no mercado, tentarão ganhar uma posição, ou colocando-se próximo de um concorrente, ou em algum segmento ainda não acupado. As empresas tentarão invadir os segmentos dos concorrentes, com consequência na redução dos lucros. O mercado divide-se em pequenos fragmentos cada vez mais pequenos. O mercado atinge a maturidade com poucos novos produtos que possam emergir desta fase.

Fase de reconsolidação do mercado

A fase de fragmentação do mercado é normalmente seguida de uma fase de reconsolidação do mercado, que ainda não é a última fase de evolução do mercado. Outra empresas copiarão a marca com sucesso e o mercado tornar-se-á fragmentado de novo. Os mercados flutuam entre fragmentação do mercado e reconsolidação do mercado. A fragmentação é trazida pela concorrência e a fragmentação é trazida pela inovação.

Fase de encerramento do mercado

O encerramento do mercado ocorre quando uma nova inovação destroi o mercado antigo. Uma inovação do produto com impacto nos consumidores, acaba com o mercado anterior. Um tipo de produto existente termina, quando um novo tipo de produto é introduzido no mercado, satisfazendo as necessidades dos consumidores de uma forma superior.

SUMÁRIO

Todo o produto novo, uma vez lançado, segue o ciclo de vida do mercado, com questões desafiantes e oportunidades. A história de vida da maioria dos produtos segue quatro fases. A introdução é caraterizada por um crescimento lento e lucros mínimos à medida que o produto é lançado na distribuição. A empresa tem de optar entre a estratégia de rápido lançamento, de lançamento lento, de rápida penetração ou de penetração lenta.

Em caso de sucesso, a empresa entra na fase de crescimento, com crescimento das vendas e lucros crescentes. A empresa tenta melhorar o produto, entrar em novos segmentos de mercado e canais de distribuição e reduz os seus preços lentamente. A seguir vem a fase da maturidade em que o crescimento das vendas diminui e os lucros estabelizam.

As empresas procuram esrratégias inivadoras para impulsionar o crescimento das vendas, renovando o marketing-mix.

Na fase do declínio, pouco ou nada pode ser feito para impedir a deterioração das vendas e dos lucros. A verdadeira tarefa nesta fase é identificar os produtos fracos em termos de vendas, desenvolvendo para cada um, a estratégia mais adequada, retirando do mercado os produtos fracos, de tal forma que tal minimize o impacto nos lucros da empresa, nos colaboradores e clientes.

A teoria baseada no conceito de ciclo de vida do produto (CVP), deve ser complementada pela teoria da evolução do mercado. Esta teoria defende que os novos mercados cristalizam quando um produto surge para satisfazer as novas necessidades do mercado. A empresa inovadora, por norma, desenha um produto para um mercado massificado. De seguida, o mercado fragmentar-se-á até à introdução de uma inovação que reconsolida esse mercado em diversas partes. Esta fase não dura muito porque os concorrentes copiam as novas caraterísticas do produto. O mercado chegará ao fim quando surgir um novo produto claramente superior ao anterior.

A teoria da evolução do mercado muda a atenção das empresas do conceito de CVP, para a evolução do mercado global. Cada marca individualmente conta apenas uma pequena história acerca das oportunidades e da evolução do mercado. Um marketing com sucesso deverá ter em conta este processo evolutivo do potencial do mercado.

QUESTÕES

1. Considere uma empresa que pretende lançar uma nova linha de carros elétricos. Discuta, para cada fase do ciclo de vida deste produto, o principal objetivo e a política provável em relação ao preço, qualidade, advertising, venda pessoal e canais de distribuição.
2. À medida que um produto atravessa as diferentes fases do seu ciclo de vida, tanto a taxa de crescimento das vendas como a taxa de rendibilidade do investimento se alteram. Usando essas duas variáveis como eixos, elabore um gráfico que mostre a trajetória típica dessas duas variáveis ao longo do ciclo de vida.
3. Discuta as alterações que deverão acontecer nas estratégias do *marketing mix* nas diferentes fases do ciclo de vida do produto.
4. Desde a introdução até ao declínio, apresente as caraterísticas que deverão assumir as seguintes variáveis: vendas, custos, lucros, clientes e concorrentes.

8
Estratégias de Marketing do Líder, dos Desafiadores, dos Seguidores e dos Nichos

As estratégias têm que ser adaptadas não só aos clientes potenciais, mas também aos concorrentes que servem esses clientes. Cada vez mais, as empresas baseiam as suas estratégias de marketing na vontade dos consumidores e nas posições dos concorrentes.

A estratégia de marketing está dependente do tamanho e na posição na indústria de cada empresa. As grandes empresas podem implementar estratégias que não são acessíveis às pequenas empresas. Contudo, ser grande em tamanho não é suficiente. Assim, para as grandes empresas, poderá haver estratégias vencedoras ou não. Por outro lado, as pequenas empresas poderão encontrar estratégias que lhes permitam retirar uma taxa de rendibilidade semelhante às grandes empresas.

As empresas numa certa industria, desenvolvem estratégias competitivas diferentes em diferentes posições distintas. Algumas das posições competitivas numa industria são as seguintes:

- Dominante: uma empresa com esta posição competitiva, controla as ações dos concorrentes e tem diversas posições estratégicas.
- Forte: uma empresa forte em termos competitivos pode implementar uma estratégia independente, sem pôr em causa a sua posição a longo prazo, podendo mantê-la independentemente das ações dos concorrentes.

- Favorável: uma empresa nesta posição tem uma força que pode ser rentabilizada em estratégias específicas e terá oportunidades para melhorar a sua estratégia.
- Satisfatória: uma empresa neste nível competitivo, tem um desempenho satisfatório para garantir a continuidade do seu negócio, mas está condicionada pela empresa dominante, tendo uma oportunidade baixa de melhorar a sua posição.
- Fraca: uma empresa fraca tem um desempenho insatisfatório, mas tem oportunidade de melhorar, caso contrário, sai do mercado;
- Não viável: uma empresa neste nível competitivo, tem um desempenho insatisfatório, sem qualquer oportunidade de melhorar.

Qualquer empresa deve conhecer-se e enquadrar-se em alguma destas posições competitivas. A posição competitiva de uma empresa, bem como a sua posição no ciclo de vida do produto, ajudará a decidir se deve investir, manter, reduzir, ou mesmo, sair da industria.

Uma outra classificação de posição competitiva é a seguinte:

- Líder do mercado: é a empresa que tem a maior quota de mercado;
- Desafiador do mercado: é a empresa que trabalha afincadamente para ganhar mais quota de mercado;
- Seguidor do mercado: é a empresa que trabalha para manter a sua quota de mercado;
- Nichos de mercado: são empresas que servem pequenos segmentos de mercado, que não interessam às grandes empresas

De seguida, apresentar-se-ão as estratégias de marketing específicas que podem ser seguidas pelos liders do mercado, pelos desafiadores do mercado, pelos seguidores do mercado e pelas empresas que fazem parte de nichos de mercado.

ESTRATÉGIAS DO LÍDER DE MERCADO

Muitas industrias têm uma empresa que é reconhecidamente o líder de mercado. Esta empresa tem a maior quota de mercado em relação a um produto ou grupos de produtos. Por norma, lidera a tomada de decisões no que respeita alterações de preços, introdução de novos produtos, canais de distribuição e intensidade promocional.

O líder pode ser, ou não, respeitado e admirado, mas todas as outras empresas reconhecem o seu domínio. O líder é uma linha de orientação para os concorrentes, ou seja, o líder poderá ser desafiado, imitado ou ignorado por outras empresas.

A não ser que o líder represente um monopólio legal, a sua vida não é fácil. Deve manter uma vigilância permanente. As outras empresas tentarão desafiar as sua forças e retirar vantagens das suas fraquezas. Não pode distrair-se sob pena de cair para o segundo ou terceiro lugar. A qualquer momento, pode surgir um novo produto no mercado que possa causar estragos no líder.

O líder quererá manter-se como número um. Este propósito poderá implicar um conjunto de ações em três frentes: em primeiro lugar, deve encontrar formas de aumentar a procura global. Em segundo lugar, a empresa líder deve proteger a sua quota de mercado atual através de medidas defensivas e ofensivas. Em terceiro lugar, a empresa líder pode tentar expandir ainda mais a sua quota de mercado, mesmo que o mercado se mantenha constante.

Estratégia de expansão da procura global

A empresa líder ganha normalmente mais, quando o mercado global é aumentado. Em geral, o líder deve olhar para novos consumidores, novas utilizações e mais uso dos produtos.

Novos consumidores

Qualquer classe de produto tem o potencial de atrair potenciais compradores que não conhecem o produto, ou estão indecisos, tendo em conta o preço ou a falta de certas caraterísticas. Assim, uma empresa líder deverá seguir uma estratégia de penetração no mercado, tentar que outros mercados se interessem pelo produto, ou seguir uma estratégia de expansão geográfica.

Novos usos do produto

Os mercados podem expandir-se através da descoberta e promoção de novas utilizações para o produto. Para que tal seja exequível, o papel da pesquisa de marketing é crucial, para conseguir maior crescimento e mais lucros.

Mais utilizações do produto

Esta estratégia assenta em convencer os consumidores para usar mais o produto em cada ocasião.

Estratégia de proteção da quota de mercado

Enquanto tenta expandir a procura global, o líder de mercado deve, de uma forma continuada, proteger o seu negócio contra ataques dos concorrentes.

Qual será a melhor forma do líder se proteger? A resposta mais construtiva e aconselhável é inovação contínua. O líder não deve ficar contente sobre como as coisas estão, mas deve ter novas ideias sobre produtos, serviços ao cliente, eficiência da distribuição e controlo de custos. Deve criar valor ao cliente. Com este objetivo, a melhor defesa é uma grande ofensiva.

A empresa líder, mesmo quando não desencadeia nenhum ataque, deve manter os seus custos controlados e os preços devem ser estabelecidos tendo em conta o valor que os clientes vêem no produto

Estratégia de expansão da quota de mercado

A empresa líder também pode crescer através do aumento da sua quota de mercado. Muitos gestores destas empresas acreditam que, com mais quota de mercado, conseguem mais lucros e uma melhoria da rendibilidade, traduzida na taxa de retorno do investimento.

Não se pode pensar que, o facto da empresa aumentar a sua quota de mercado, não significa que, automáticamente, irá aumentar a sua rendibilidade. Tal depende da sua estratégia de ganhar quota de mercado. Há estudos de empresas com uma quota de mercado relevante mas com uma reduzida rendibilidade e empresas com uma baixa quota de mercado e com uma elevada rendibilidade.

O custo de conseguir uma quota de mercado mais elevada, poderá exceder o rendimento que retira dessa expansão. Há vários fatores que a empresa líder deve ter em conta, antes de prosseguir uma estratégia de aumentar a quota de mercado.

O primeiro fator é a possibilidade de provocar ações *antitrust*. Os concorrentes podem chamar a esse aumento da quota de mercado, um processo de monopolização, pelo que, este risco acrescido, pode levar a uma redução dos lucros.

Um segundo fator é o custo económico. O custo de aumentar a quota de mercado, depois de se já ter atingido uma quota de mercado elevada, pode levar à redução da margem de lucro.

Um terceiro fator é o facto da empresa seguir uma estratégia de *marketing-mix* errada na procura de mais quota de mercado, levando a uma redução dos lucros. Ao mesmo tempo que algumas variáveis do *marketing-mix* são mais eficientes na obtenção de quota de mercado, a sua utilização não leva necessáriamente a mais lucros.

Normalmente, acredita-se que uma maior quota de mercado tenderá a obter lucros mais altos nas seguintes condições:

- Custos unitários caem com o aumento da quota de mercado. Os custos unitários decrescem muitas vezes porque o líder consegue economias de escala por ter fábricas de grande dimensão.
- O líder oferece um produto de qualidade superior e sobe o preço superando o custo de oferecer essa qualidade acrescida.

ESTRATÉGIAS DE DESAFIADOR DO LÍDER E DE OUTROS CONCORRENTES

As empresas que estão muito próximas do líder, seguem normalmente estratégias que desafiam o líder. Elas podem atacar o líder e outros concorrentes, tendo em vista aumentar a quota de mercado. Serão apresentadas de seguida algumas estratégias seguidas por este tipo de empresas que desafiam o líder.

Definição do objetivo estratégico e do rival a desafiar

Uma empresa que desafia uma outra empresa tem que, inicialmente, definir o seu objetivo estratégico. O objetivo estratégico de uma empresa deste tipo, é aumentar a sua quota de mercado, no pressuposto de que atingir esta meta, conduzirá a uma melhoria da rendibilidade. Em muitas situações, estas empresas definem o rival que pretendem desafiar. Em termos sucintos, uma empresa agressora, poderá escolher atacar as seguintes empresas:

Pode escolher atacar o líder de mercado

Esta estratégia tem riscos elevados pelos custos envolvidos, mas fará sentido se o líder não fôr um verdadeiro líder, que não está a servir bem o mercado. É necessário analisar as necessidades e a insatisfaçao do consumidor. Se uma área vasta não está servida ou está servida de uma forma insuficiente, existem razões para definir uma estratégia de ataque ao líder.

Pode escolher atacar empresas da mesma dimensão

Existem empresas da mesma dimensão que não estão a trabalhar bem e que podem estar subfinanciadas. Quando estas empresas não estão bem, não tendo os recursos necessários, podem ser empresas alvo com interesse para o desafiador.

Pode escolher atacar empresas locais ou regionais de menor dimensão

Existem empresas da menor dimensão com caráter local ou regional que também não estão a trabalhar bem e que podem estar subfinanciadas. Quando estas pequenas empresas não estão bem, não tendo os recursos necessários, podem ser também empresas alvo com interesse para o desafiador.

Assim, pode dizer-se que existe uma interação entre o objetivo estratégico e a escolha do oponente a atacar. Se o oponente é o líder de mercado, o objetivo estratégico será conseguir retirar do oponente alguma quota de mercado. Se o oponente é uma firma local ou regional de pequena dimensão, o objetivo estratégico será conseguir que ela saia do mercado.

O princípio fundamental é que qualquer desafio deve ser muito bem direcionado para um objetivo realista, claramente definido. Para que o oponente e os objetivos sejam claramente definidos, torna-se necessário um estudo sistemático dos concorrentes. Deve ser recolhida, de uma forma regular, informação sobre a situação da concorrência.

Neste processo, faz parte da informação a sistematizar a seguinte: Quem são os concorrentes? Qual é a situação dos mesmos em relação às vendas, quota de mercado e situação financeira? Quais são os pressupostos e objetivos dos concorrentes? Qual é a sua estratégia? Quais são as suas forças e fraquezas? Que mudanças ao nível da estratégia, os concorrentes implementarão no futuro, caso haja alterações no meio envolvente, bem como nos concorrentes ou em desenvolvimentos internos?

A escolha da estratégia de ataque

Existem diversas formas de desafiar e atacar os oponentes, que são as seguintes:

Ataque frontal

Num ataque frontal, o desafiante ataca as forças do oponente e não as suas fraquezas. O resultado depende de quem tenha um nível de forças superior. O objetivo é atingir o concorrente nos seus produtos, estratégia de advertising, preço, etc.

Para que um ataque desta natureza tenha sucesso, é necessário que o agressor tenha uma vantagem competitiva sobre o concorrente. Por exemplo, o desafiador investe fortemente em pesquisa,tendo em vista baixar os custos de produção e, desta forma, usar uma estratégia de preço competitiva.

Ataque por flancos

Um ataque por flancos pode ser direcionado contra um concorrente em duas dimensões estratégicas, a perspetiva geográfica e a dimensão por segmentos. A dimensão geográfica consiste em explorar zonas geográficas onde o concorrente não tem um desempenho adequado. Pela dimensão por segmentos, pretende-se desenvolver segmentos de negócio, não explorados pelos concorrentes.

Ataque em circulos

Esta estratégia consiste em explorar o mercado existente não coberto pelos concorrentes. O desafiante oferece tudo o que o concorrente já oferece e mais, de modo a que a oferta seja irrecusável. Esta estratégia faz sentido sempre que o agressor tem recursos superiores aos do concorrente.

Ataque indireto

Esta estratégia de desafio poderá ser desenvolvida de formas diferentes: diversificação através de produtos não relacionados, diversificação através de novos mercados geográficos para os produtos existentes e através da aposta em novas tecnologias que suplantem os produtos atuais.

Ou seja, em vez de imitar os produtos do concorrente, o desafiador de uma forma paciente e com novas tecnologias e, quando convencido da sua superioridade, lança o ataque.

Ataque de guerrilha

Esta estratégia é desenvolvida por desafiadores mais pequenos e subcapitalizados. Consiste em fazer pequenos ataques em diferentes áreas do concorrente, no sentido de o enfraquecer e o desmoralizar. Poderá consistir em baixas seletivas dos preços, interferências nos fornecedores e algumas ações legais contra o oponente. Por norma, este tipo de ataque é praticado por uma empresa pequena contra uma de maior dimensão.

Tendo por base estas estratégias de ataque, podem definir-se as principais estratégias de marketing disponíveis aos desafiadores:

Estratégia de desconto no preço

Uma das estratégias mais eficazes usadas pelos desafiadores, é oferecer aos clientes um produto comparável ao do líder de mercado a um preço mais baixo.

Para uma estratégia desta natureza resultar, três pressupostos devem ser preenchidos. Em primeiro lugar, o desafiador deve convencer os potenciais compradores de que os seus produtos são similares aos produtos do líder. Em segundo lugar, os consumidores devem ser sensíveis à diferença de preço e sentirem-se confortáveis na mudança dos seus fornecedores. Em terceiro lugar, o líder recusa reduzir também o preço, apesar do que fez o desafiador.

Estratégia de produtos mais baratos

Uma outra estratégia de marketing é oferecer produtos de menor qualidade a um preço mais baixo. Isto funciona quando existe um número suficiente de potenciais compradores apenas interessados no preço.

As empresas que sigam esta estratégia, poderão ser atacadas por outras empresas que oferecem produtos ainda mais baratos. Como defesa, estes desafiadores tentarão melhorar a sua qualidade de uma forma gradual ao longo do tempo.

Estratégia de produtos de prestígio

Um desafiador poderá lançar no mercado um produto de alta qualidade e estabelecer um preço mais alto do que o líder. O objetivo é apostar em produtos de alta qualidade, apesar de serem mais caros e desinvestir de produtos baratos.

Estratégia de proliferação do produto

Um desafiador poderá lançar no mercado uma gama de produtos alternativos, com novas versões e dando ao consumidor novas opções de compra.

Estratégia de inovação do produto

Um desafiador poderá desenvolver uma estratégia de inovação, tendo em vista atacar a posição do líder.

Estratégia de inovação dos serviços prestados

Um desafiador poderá encontrar outras formas de oferecer novos e melhores serviços aos clientes.

Estratégia de inovação da distribuição

Um desafiador poderá descobrir ou desenvolver um novo canal de distribuição

Estratégia de redução de custos de fabricação

Um desafiador poderá procurar reduzir os custos de fabricação em relação aos seus concorrentes, através e compras mais eficientes, mais baixos custos laborais e equipamentos de produção mais modernos.

Estratégia de forte campanha de advertising

Um desafiador poderá procurar atacar o líder aumentando os gastos em promoção e advertising.

Em síntese, um desafiador raramente tem sucesso apostando somente em apenas uma das estratégias de marketing anteriores. O seu sucesso dependerá do desenho da sua estratégia global que melhorará a sua posição ao longo do tempo.

ESTRATÉGIAS DOS SEGUIDORES DO LÍDER

Algumas empresas, em vez de desafiar o líder, preferem segui-lo. Mas isto não quer dizer que os seguidores não tenham as suas próprias estratégias. Um seguidor deve saber como manter os clientes atuais e como conseguir novos clientes. Um seguidor tenta dar as antagens que o distinga no mercado alvo, como o serviço e a possibilidade de financiamento.

O seguidor é um alvo que os desafiadores gostam de atacar. Assim, o seguidor deve manter os seus custos de fabricação baixos e a qualidade e serviço a nível elevado. Ser seguidor não significa ser passivo ou transformar-se numa cópia do líder. O seguidor deve seguir uma linha de rumo que não crie retaliações competitivas.

Em conformidade, poder-se-ão apresentar as seguintes estratégias de marketing alternativas para o seguidor:

Seguidor de perto

Nesta estratégia, o seguidor emita o líder em vários segmentos de mercado e em muitas áreas do *marketing-mix*, não fazendo nada diferente do líder.

Seguidor à distância

O seguidor à distância mantém uma certa diferenciação, mas segue o líder nas principais inovações ao nível do produto ou do mercado, política de preços e distribuição. Este seguidor é aceitável para o líder, que não vê grandes interferências nos seus planos de nercado. O seguidor à distância pode sustentar o seu crescimento através da aquisição de empresas mais pequenas.

Seguidor seletivo

O seguidor seletivo acompanha o líder apenas em certos aspetos da sua estratégia, mantento intactas as suas próprias caraterísticas. É bastante inovador, evita a competição direta, segue algumas estratégias do líder onde acha que poderá ter vantagens. O seguidor seletivo acaba, por norma, a transformar-se num desafiador.

Apesar dos seguidores terem uma quota de mercado inferior à do líder, muitas vezes, acabam por ser mais lucrativos do que o líder. A chave do sucesso para muitos seguidores, passa por uma correta segmentação ou concentração do mercado, pesquisa e desenvolvimento eficiente, focados mais no lucro do que na quota de mercado e numa gestão de topo profissional.

ESTRATÉGIA DE EMPRESA EM NICHOS DE MERCADO

Quase todas as indústrias incluem empresas de menor dimensão que se especializam em partes do mercado, evitando confronto com as grandes empresas. Estas empresas mais pequenas ocupam nichos de mercado que servem através da especialização da sua atividade, nichos que são ignorados pelas grandes empresas.

Os nichos de mercado têm interesse não só para as pequenas empresas como também para certas divisões de grandes empresas. Estas empresas tentam encontrar um ou mais nichos de mercado que sejam seguros e rentáveis. Um nicho de mercado ideal, deverá ter as seguintes caraterísticas:

- Ser de tamanho suficiente e com poder de compra para ser rentável;
- Ter potencial de crescimento;
- Ter um interesse negligenciável por parte das grandes empresas;
- A empresa tem que ter recursos adequados para servir um nicho de mercado;
- A empresa consegue defender-se de ataques por parte das grandes empresas, através da lealdade dos seus clientes atuais.

A ideia chave de uma empresa que atue num nicho de mercado é a especialização. A empresa tem que se especializar naquele tipo de mercado, cliente, produto, ou *marketing-mix*. Algumas das especializações das empresas que atuam num nicho de mercado são as seguintes:

Especialização num tipo de produto ou serviço

A empresa especializa-se num único tipo de produto ou serviço ao seu cliente. Por exemplo, uma empresa de advocacia especializa-se em direito penal, criminal, comercial, etc.

Especialização vertical

A empresa especializa-se a um nível vertical no ciclo de produção e distribuição.

Especialização por tamanho de cliente

A empresa especializa-se em grandes, médias ou grandes empresas. Algumas empresas especializam-se em pequenos clientes que são negligenciados pelas grandes empresas.

Especialização num cliente específico

A empresa limita as suas vendas a um ou a um grupo limitado de clientes, podendo vender a sua produção global a um só cliente.

Especialização geográfica

A empresa vende somente numa certa localidade, região ou área geográfica do país ou do mundo.

Especialização num produto ou linha de produtos

A empresa especializa-se em produzir apenas um produto ou uma linha de produtos esepcífica.

Especialização por ordens de encomenda

A empresa especializa-se em produtos de acordo com a necessidade dos clientes e há medida que recebe ordens de encomenda dos mesmos.

Especialização em alta qualidade e preço

A empresa especializa-se em produtos de alta qualidade e alto preço

Especialização em serviços

A empresa oferece um ou mais serviços não disponíveis no mercado por parte de outras empresas.

Atuar em nichos de mercado acarreta riscos diversos, nomeadamente, ataques inesperados de concorrentes. Isto justifica que seja preferível atuar em multiplos nichos de mercado e não em nichos de mercado únicos. Tendo forças em mais do que um nicho de mercado, é um bom caminho para a sobrevivência. As grandes empresas preferem uma estratégia de nichos multiplos, de modo a servir o mercado global.

Contudo, empresas com uma quota de mercado reduzida, também podem ser lucrativas se elas escolheram o nicho de mercado correto. A razão do sucesso deste tipo de empresas pode ser explicado pelo seguinte:

- Estão inseridas em mercados de fraco crescimento mas estáveis. Estas empresas não mudam os seus produtros muitas vezes. A maioria destas empresas, fabrica produtos standard e prestam um número reduzido de serviços extra;
- Estas empresas pequenas estão fortemente focadas, não fazem tudo;
- Por norma, têm reputação de alta qualidade, isto é, uma relação preço-qualidade muito boa;

– Por último, estas empresas de quota de mercado reduzida, têm custos unitários mais reduzidos, bem como gastam menos em pesquisa e desenvolvimento, promoção de vendas, advertising e área comercial.

Em suma, empresas com quota de mercado reduzida, têm boas oportunidades para servir os clientes de forma lucrativa. Muitas empresas pequenas descobrem bons nichos de mercado, embora algumas boas oportunidades possam ser exploradas de uma forma mais sistemática.

SUMÁRIO

Um dos aspetos mais relevantes na formulação da estratégia de marketing, é o papel e tamanho da empresa numa determinada indústria. As estratégias de marketing dependerão da empresa ser o líder de mercado, o desafiador do líder, o seguidor do líder, ou estar inserida num certo nicho de mercado.

O líder de mercado enfrenta três desafios: expansão do mercado global, proteção da quota de mercado, ou expansão da quota de mercado. O líder de mercado está interessado em encontrar formas de expansão do mercado global, porque será o principal beneficiário do crescimento das vendas. Para expandir o tamanho do mercado, o líder procurará novos utilizadores do produto, novas formas de dar mais uso ao produto e novos tipos de uso do produto. Para proteger a sua atual quota de mercado, o líder de mercado poderá utilizar várias formas de defesa. Os liders mais sofisticados tentam fazer tudo bem, não dando oportunidades de ataque por parte dos concorrentes. Os liders também podem tentar aumentar a sua quota de mercado. Esta estratégia faz sentido se a rendibilidade aumentar a níveis mais elevados de quota de mercado.

O desafiador do líder e de outros concorrentes é uma empresa que tenta expandir a sua quota de mercado, através do ataque ao líder, ataque a outros desafiadores, ou a pequenas empresas na indústria. O desafiador pode utilizar uma variedade de estratégias, incluindo o ataque frontal, ataque por flancos, ataque por circulos, ataque indireto ou o ataque de guerrilha.

O seguidor do líder deve saber como manter os clientes atuais e como conseguir novos clientes. Como tal, o seguidor tem uma estratégia, usando as suas competências particulares para participar ativamente no crescimento do mercado. Alguns seguidores conseguem uma taxa de retorno mais alta que os próprios liders na mesma indústria.

A empresa num nicho de mercado é uma empresa mais pequena, que opta por operar numa faixa do mercado mais especializada. Empresas em nichos de mercado, muitas vezes, tornam-se especializadas em certos tipo de clientes, em termos de especificidade e tamanho, Também se poderão tornar especializadas em áreas geográficas, produto ou linha de produtos, caraterísticas do produto ou serviço.

QUESTÕES

1. Sugira uma estratégia adequada para uma nova empresa que entre no mercado das fotocópias.
2. Qual poderá ser uma estratégia apropriada para uma empresa líder que tente proteger a sua quota de mercado dos desafiadores?
3. Comente as seguintes afirmações sobre a estratégia de marketing apropriada de empresas mais pequenas: (i) "*A empresa mais pequena deve concentrar-se em afastar os clientes das maiores empresas, enquanto as maiores empresas devem concentrar-se em estimular novos clientes para entrar no mercado.*" (ii) "*Empresas maiores devem inovar com produtos novos, enquanto as empresas mais pequenas devem copiar esses produtos das grandes empresas.*"
4. Critique brevemente a seguinte frase sobre estratégia de marketing: "*A empresa oferecerá o melhor produto e o melhor serviço ao preço mais baixo.*"

9
Estratégias de Marketing em Períodos de Escassez, Inflação e Recessão

As empresas têm que desenvolver formas de adaptarem as suas estratégias de marketing a estados diferentes da economia, tanto atuais como futuros. De seguida, tentar-se-á dar uma perspetiva de alguns estados de uma economia, como sejam, em períodos de escassez, recessão e inflação, no que concerne às suas caraterísticas e estratégias de marketing mais apropriadas.

PERÍODOS DE ESCASSEZ

Algumas indústrias, em certos períodos, ficam sujeitas a uma forte pressão, ficando com dificuldades de fazer face a essa procura excessiva. Quando muitas industrias sofrem esta pressão ao mesmo tempo, entra-se num período de escassez. As empresas, de uma forma repentina, têm de aprender como obter os recursos escassos necessários para as suas operações.

Nestes períodos de escassez, uma grande parte das empresas aumenta os preços ao máximo, cortam fornecimentos, reduzem advertising, despedem vendedores, etc. A verdade é que estes períodos não são o momento certo para colocar de lado uma boa prática de marketing. Deverão ser efetuados os ajustamentos de marketing necessários, de modo a conseguir uma relação muito direta e estreita com os clientes.

Estratégias de marketing em períodos de escassez

Em períodos de escassez, a maioria das empresas responde de uma das seguintes formas:

Resposta agressiva

Neste tipo de reação, as empresas aumentam os preços de uma forma drástica, diminue a qualidade dos produtos, não investe em pesquisa e desenvolvimento, direciona a sua oferta para os clientes que pagam melhor, corta nos orçamentos de marketing e retira do mercado produtos menos lucrativos.

Por um lado, a empresa conseguirá manter-se rentável e apresentará lucros. Por outro lado, a empresa está a lidar de uma forma perigosa com o seu melhor ativo que são os seus clientes. Quando este período passar e a economia regressar a uma situação normal, muitos dos clientes irão preferir outros fornecedores.

Resposta suave e ajustada às circunstâncias

Algumas empresas esperam que a escassez seja temporária. Em conformidade, elas continuam a produzir e a vender os mesmos produtos aos mesmos clientes. Aumentarão os preços na medida necessária para cobrir custos acrescidos, mas não excessivamente. Manterão inalterados os orçamentos de marketing, comercial e pesquisa. Estes passos levarão à manutenção das margens de lucro.

Num período de escassez, devem ser ser implementadas algumas alterações à estratégia de *marketing-mix*, bem como à carteira de clientes. Os ajustamentos que deverão ser necessários são os seguintes:

Carteira de clientes

Em regra, uma pequena percentagem de clientes representa uma grande percentagem das vendas. As empresas não direcionam o seu esforço de vendas da mesma forma para todos os clientes. Num período de escassez, a tendência das empresas é direcionar o seu output para os clientes com melhores condições financeiras.

Algumas empresas escolhem classificar os seus clientes em classes, A-B-C-D, refletindo fatores como, volume de vendas, taxa de crescimento das vendas, margem de lucro, etc. Usando estes fatores, as empresas estabelecem fronteiras entre os clientes chave (A), clientes bons (B), clientes razoáveis (C) e clientes fracos (D). Paradoxalmente, este período é uma boa altura para conseguir novos clientes, principalmente os clientes de grande potencial que não estão satisfeitos com os seus fornecedores.

Mix de produtos

A ocorrência de escassez de recursos e de preços cada vez mais altos dos inputs, mudará a rendibilidade dos diferentes produtos que fazem parte do mix de produtos da empresa. Por norma, as empresas direcionam as suas matérias primas e subsidiárias para os produtos mais lucrativos. Desta forma, os produtos mais fracos serão retirados do mercado.

Adicionalmente, este período é um bom momento para colocar novos produtos no mercado e para redesenhar produtos existentes. É necessário encontrar novas formas de satisfazer o consumidor, para ser mais eficiente.

Preço

As empresas que têm recursos escassos têm o problema da sua alocação aos diferentes clientes. Uma decisão poderá passar pela subida dos preços. Os clientes com maior necessidade dos produtos pagaram o preço mais alto, mas não deixará de acontecer uma descida da procura que se ajustará ao nível da oferta.

Nestas circunstâncias, a questão central é a amplitude do aumento dos preços, num contexto de escassez da oferta. Devem ser tomadas em consideração algumas variáveis. Em primeiro lugar, o governo que pode ter estabelecido algum tipo de regulamento sobre a subida de preços. Em segundo lugar, os concorrentes cujos preços devem ser tomados em devida nota, já que a empresa não deve definir uma subida de preços sem olhar para os preços dos seus concorrentes, Em terceiro lugar, os clientes que formarão uma ideia sobre a razoabilidade da decisão de subida dos preços.

Quando uma empresa decide uma subida dos preços, pode implementá-la de formas diferentes, com perceções diferentes por parte dos clientes. Esta subida pode traduzir-se numa redução dos descontos. Pode levar a uma redução do tamanho do produto, mantendo o preço inalterado. Pode implicar a compra de algum produto em excesso, para que o produto escasso seja vendido, etc.

Seja qual for o método utilizado para a concretização da subida dos preços, a empresa deve explicar aos clientes o porquê dessa subida. A explicação pode estar na necessidade de fazer face a custos mais elevados, ou para desenvolver projetos de pesquisa e desnvolvimento de novos produtos. A equipa comercial tem um papel decisivo junto dos clientes, de modo a que razão da subida dos preços seja bem entendida por eles.

Distribuição

Frequentemente, as empresas utilizam mais do que um canal de distribuição para chegar aos clientes. Em conformidade, é necessário analisar o nível de rendibilidade de cada canal e concentrar a distribuição dos seus produtos nos canais que lhe permitam chegar ao consumidor com mais eficiência.

Advertising e promoção de vendas

Tradicionalmente, em épocas de escassez, as empresas tendem a reduzir o seu orçamento de advertising. Em alternativa a esta estratégia de corte, as empresas poderiam considerar as seguintes estratégias.

Em primeiro lugar, em vez de cortar no orçamento de advertising, este pode ser direcionado para os produtos onde a empresa tem uma maior disponibilidade. Isto faz sentido em produtos cujo potencial de venda ainda não foi explorado de forma conveniente. Contudo, estes produtos não podem estar na fase de declínio sob pena de ser um desperdício de dinheiro.

Em segundo lugar, pode redirecionar o seu orçamento de advertising para produtos que se encontrem na fase de introdução. Quando a economia estabilizar, estes produtos estarão na fase de crecimento e aí terão o seu retorno.

Em terceiro lugar, o advertising pode ser redesenhado para ensinar o consumidor sobre a forma como deve usar o produto escasso. Este advertising de serviço píblico baixará a pressão por parte da procura e ganhará lealdade por parte dos clientes. O advertising será tanto mais eficiente quanto mais ajudar os clientes a resolverem os seus problemas.

Força de vendas e serviço ao cliente

A força de vendas nunca será excedentária, nem em período de escassez nem em períodos de excesso de oferta, tendo em conta a diversidade de funções que deve desempenhar. A força de vendas será necessária para escoar outros produtos onde haja excesso de oferta. Pode explicar aos clientes como é que as suas necessidades também podem ser satisfeitas com produtos alternativos que estão disponíveis para a venda.

O aconselhamento dos clientes por parte da força de vendas é essencial em períodos de escassez da oferta. Pode avaliar as necessidades dos clientes e aconselhá-los com outras soluções em termos de consumo alternativas às atuais opções de compra.

A força de vendas pode fornecer outros serviços aos clientes. Pode aconselhar sobre os momentos mais aconselháveis para a entrega e manter os clientes informados sobre os desenvolvimentos futuros. Qualquer ajuda ou aconselhamento aos clientes por parte da força de vendas, constituirá sempre um investimento para futuros negócios.

A força de vendas tem também importante um importante papel na recolha de informação sobre os clientes atuais, clientes potenciais e concorrentes. Nestes períodos de escassez, os clientes são expostos a outras ofertas na procura de produtros substitutos, envolvendo outras formas de comportamento do consumidor. A força de vendas deve observar estes desenvolvimentos e reportá-los, de uma forma rápida, aos seus superiores.

Por último, nestes períodos de escassez da oferta, é o momento certo para alguns ajustamentos na força de vendas através da dispensa de alguns elementos da mesma, considerados menos eficazes ou com desempenho profissional inferior.

PERÍODOS DE INFLAÇÃO

Um período de escassez é normalmente seguido de um período de inflação, que traz grandes desafios aos gestores de marketing.

Conceito de inflação

Inflação é um clima económico no qual o nível geral de preços, que reflete o preço das matérias primas e dos produtos acabados, cresce muito rápidamente. Os governos ainda não encontraram remédios fáceis para combater a inflação, sem impacto negativo no desemprego. A curva de Phillips sustenta que a inflação só poderá ser combatida através do agravamento do desemprego.

Impacto da inflação nos consumidores

Um período de inflação rápida provoca uma diminuição do poder de compra em termos reais, levando a uma alteração das atitudes e comportamentos do consumidor. Uma taxa de inflação leva o consumidor a fazer ajustamentos nos seus padrões de consumo. Os consumidores adotam várias formas para economizar. Os principais ajustamentos do consumidor em relação à inflação são os seguintes:

- Os consumidores adiam as compras mais onerosas. Por exemplo, eles adiam a compra de carros, frigoríficos e outros bens de longa duração. Não fazem férias ou optam pelas mais baratas. Eventuais poupanças são aplicadas em instrumentos financeiros que pagam taxas de juro atrativas;
- Os consumidores procuram os melhores preços para as suas marcas preferidas, ou seja, procuram soluções de baixo preço;
- Os consumidores deixam as suas marcas favoritas para adquirir marcas genéricas. Eles pagam mais por produtos de melhor qualidade e de maior durabilidade;
- Sempre que podem, produzem as coisas que consomem.

Impacto da inflação nos compradores empresariais

Num período de inflação, as empresas revêm as suas relações com os seus fornecedores. Os responsáveis pelas compras estão pressionados para encontrar alternativas mais competitivas. A sua ênfase é o preço e dão uma menor relevância aos serviços. Estão interessados em fornecedores com quem possam fazer contratos de médio e longo prazo a preços controlados.

Estratégias de marketing em período de inflação

Num período de inflação, as empresas são obrigadas a redefinir as suas estratégias, à medida que os custos das matérias primas, equipamento e mão de obra, sobem. Quando elas não conseguem refletir este aumento dos custos no preço dos seus produtos, os lucros descem.

Num contexto macroeconómico com inflação, as empresas precisam ajustar as suas estratégias. A magnitude e amplitude destes ajustamentos, depende da visão que as empresas têm sobre a situação económica e sobre a sua durabilidade.

Se uma empresa espera uma baixa inflação, de curto prazo, irá introduzir poucas alterações na sua estratégia. Se, pelo contrário, uma empresa espera uma inflação duradoura, com uma forte resistência por parte dos consumidores, terá que ajustar a sua estratégia de uma forma relevante.

Mix *de clientes*

Durante um período de inflação rápida, as empresas deverão proceder a um aumento dos preços. Os clientes reagirão de forma diferente a esta medida, mas a empresa acabará por perder alguns deles. As empresas devem rever os seus mercados e clientes, tendo em vista conhecer o que é central e o que é periférico.

As empresas devem circunscrever uma política de subida de preços a certos mercados e clientes, tendo em conta a política de preços dos concorrentes, a disponibilidade de produtos substitutos, bem como as possíveis implicações nas relações com os clientes.

Um período de inflação elevada dará à empresa a oportunidade de crescer, conseguindo clientes novos que eram inacessíveis em épocas normais. Os planos de marketing nestes períodos devem ser desenhados de modo a ganhar novos negócios.

Mix *de produtos*

As empresas devem rever o modo como inflação afeta a rendibilidade dos diferentes produtos. Ou seja, todos os produtos fabricados com matérias primas mais caras, tenderão a ter uma rendibilidade reduzida. Caso os preços destes produtos não possam refletir a subida desses inputs, e não sejam essenciais no mix de produtos, deverá ser considerada a possibilidade de eliminar a sua produção e comercialização de alguns deles.

Neste contexto macroeconómico, algumas das alternativas que as empresas podem empreender para manter os custos de produção mais baixos são as seguintes:

- Reduzir o tamanho do produto em vez de subir os preços;
- Utilizar matérias primas a um custo mais reduzido;
- Retirar algumas caraterísticas do produto de modo a reduzir o custo de fabricação;
- Reduzir os serviços prestados, como a instalação, entrega gratuita, garantias longas, etc;
- Usar embalagem menos onerosa;
- Reduzir o número de tamanhos e números oferecidos;
- Criar marcas mais baratas ou genéricas.

A melhor ação a tomar nem sempre é óbvia. Por norma, os gestores tentam colocar no mercado novos produtos como resposta à inflação. Alguns serão novas versões dos atuais produtos para apanhar os consumidores com dificuldades. Os preços dos novos produtos podem ser estabelecidos livremente na fase da introdução.

Preço

Os ajustamentos de preço são muito comuns em economias inflacionistas. Estes ajustamentos podem ser estabelecidos rapidamente; em caso de sucesso, podem preservar as margens das empresas.

Assumindo que não há controlo de preços, a empresa pode decidir em que medida ajusta o preço e a forma como o torna efetivo. Um aumento de preço apropriado requere uma análise transversal da procura, custos e concorrência. A empresa tem que determinar o preço correto, tendo em conta a concorrência, bem como possíveis respostas dela a esse aumento de preço.

Para além do montante do aumento do preço, as empresas têm que decidir sobre a melhor forma de o implementar. O preço real pode ser aumentado por diversas formas, com impactos diferentes na perceção por parte dos clientes. As formas mais comuns de subida dos preços são as seguintes:

- Decidir o preço no final da produção
  A empresa não decide o preço final do produto sem que este esteja acabado. Esta forma é aplicável a industrias com um processo de fabrico longo, como po exemplo, a industria de construção.
- Uso de cláusula de ajustamento
  A empresa solicita ao seu cliente para pagar o preço atual e, na entrega, uma atualização do preço devido à inflação.
- Retirar os serviços associados
  A empresa mantém o preço mas retira ou fornece em separado alguns serviços associados à entrega, como por exemplo, instalação ou entrega gratuita.
- Redução de descontos
  A empresa reduz os seus descontos em dinheiro ou em quantidade de produto e dá instruções à força de vendas para não se desviar

dos preços que estão estabelecidos, mesmo que seja para arranjar novos clientes.

– Distribuição
Durante os períodos de inflação, os clientes fazem mais comparações de preços, bem como compram mais em armazenistas de baixo custo. Em conformidade, as empresas precisam de rever os seus canais de distribuição e colocar mais ênfase nos canais de baixo custo. Se as empresas se mantiverem nos canais tradicionais, verão a sua quota de mercado diminuir.

– Advertising e promoção de vendas
Num período de inflação, as empresas necessitam de rever o seu orçamento de advertising e a mensagem que pretendem transmitir. Algumas empresas cortam no advertising para reduzir os sus gastos. Numa primeira fase, os clientes não mudarão os seus hábitos de consumo. Numa fase seguinte, os clientes esquecerão a marca e tentarão outras marcas com mais promoções. Outras empresas mantêm os seus gastos de advertising em período de inflação. Um orçamento de advertising apropriado exige uma mensagem eficiente para os consumidores

A promoção de vendas como técnica de marketing, cresce de importância em período de inflação. Os consumidores estão ansiosos por ajustamentos de preço e prémios e estão constantemente à procura de promoções.

Força de vendas e serviço ao cliente

Num período de inflação, a força de vendas deve conhecer a base que está por trás de um aumento de preços e conhecer os aumentos de preço dos concorrentes. A equipa comercial deve ter a formação adequada para explicar ao cliente a razão da subida, bem como ensinar o cliente sobre formas de economizar com o uso do produto que pretendem vender.

As alternativas da estratégia de *marketing-mix* num período de inflação

Num período macroeconómico de inflação, as empresas podem optar pelas seguintes estratégias de marketing-mix:

i) Manter o preço, manter o valor do produto e selecionar os melhores clientes

A empresa tem clientes leais e está disposta a perder os clientes com menor poder de compra para os seus concorrentes. Como consequência, haverá uma descida da quota de mercado e uma diminuição da rendibilidade.

ii) Subir o preço e subir o valor do produto

A empresa opta por subir os preços para fazer face aos custos acrescidos. Introduz melhorias na qualidade do produto para justificar os preços mais altos. Em consequência, haverá uma descida da quota de mercado e a rendibilidade mantêm-se constante.

iii) Manter o preço e aumentar o valor do produto

A empresa opta por manter os preços e aumentar o valor do produto o que o torna mais competitivo. Como consequência, haverá uma descida da quota de mercado e a uma redução da rendibilidade no curto prazo. No longo prazo, haverá aumento da rendibilidade.

iv) Baixar o preço parcialmente e aumentar o valor do produto

A empresa opta por dar aos clientes alguma redução de preços mas reforça o valor do cliente. Como consequência, haverá uma manutenção da quota de mercado e a uma redução da rendibilidade no curto prazo. No longo prazo, haverá aumento da rendibilidade.

v) Baixar o preço consideravelmente manter o valor do produto

A empresa opta por disciplinar e desencorajar a competição pelo preço. Como consequência, haverá uma manutenção da quota de mercado e a uma redução da rendibilidade no curto prazo.

vi) Baixar o preço consideravelmente e reduzir o valor do produto

A empresa opta por disciplinar e desencorajar a competição pelo preço e mantém a margem de lucro. Como consequência, haverá uma manutenção da quota de mercado e da margem, com consequência na redução da rendibilidade no longo prazo.

vii) Manter o preço e reduzir o valor do produto

A empresa opta por reduzir os custos de marketing para fazer face a custos acrescidos Como consequência, haverá uma diminuição da quota de mercado e uma manutenção da margem, bem como uma redução da rendibilidade no longo prazo.

PERÍODOS DE RECESSÃO

Pelo facto de que altas taxas de inflação poderem prejudicar a economia, muitos governos aplicam medidas anti inflação no intuito de baixar a procura. As empresas despedem colaboradores e o desemprego cresce. Com estas medidas a economia caminha para uma recessão.

Natureza e caraterísticas de uma recessão

Uma recessão é um período marcado por uma descida da taxa de crescimento da economia, pela descida da procura, um acréscimo nos inventários, baixa utilização da capacidade produtiva e uma subida no desemprego.

Uma recessão pode ser analisada segundo várias dimensões: duração, profundidade e difusão. Duração significa o tempo em que a recessão permanece ativa. Profundidade reflete a força dos seus efeitos. Difusão representa a forma com a recessão se espalha pelos diferentes setores da atividade económica. Esta última dimensão é muito importante, já que uma recessão não afeta igualmente todos os consumidores e todos os setores da atividade económica.

Durante um período com estas caraterísticas, com taxas de crescimento da economia baixas, devem estimar a evolução destas três dimensões, antes de decidirem as ações a tomar. Se eles esperam que a recessão seja curta, suave e confinada geográficamente, não serão necessárias alterações profundas à estratégia de marketing. O mesmo não acontecerá caso se verifique o caso contrário.

Impacto da recessão nos consumidores

À medida que a recessão começa e se espalha, os consumidores tornam-se mais cautelosos com os seus gastos. O nível dos seus ajustamentos depende com a situação económica individual de cada um. Poder-se-ão considerar as seguintes situações:

Classe mais desfavorecida

Estes consumidores estão abaixo do limite mínimo de pobreza, mesmo antes da recessão. Tendo em conta que o seu nível de rendimentos é sempre baixo, os seus hábitos de consumo não sofrerão alterações.

Os que perderam o seu emprego

Os consumidores que perderam o seu emprego, apesar de receberem durante algum tempo o subsídio de desemprego, irão fazer ajustamentos importantes às suas decisões de compra. Estes consumidores tenderão a procurar produtos com desconto, adiar as suas decisões de compra e procura de pechinças.

Os consumidores que mantêm o emprego

Estes consumidores mantêm o seu nível de rendimento. Ao mesmo tempo, passarão a ser mais cautelosos tendo em conta as más notícias e adotam técnicas de consumo mais eficientes, prestando atenção redobrada aos preços.

Os consumidores com elevado poder de compra

Estes consumidores são relativamente imunes à recessão e vivem a sua vida de uma forma normal, não fazendo qualquer ajustamento ao seu consumo habitual.

Impacto da recessão nas entidades empresariais

Durante a recessão, as empresas deparam-se com um decréscimo das vendas, produtividade mais baixa, capacidade produtiva subutilizada e uma força de vendas desmoralizada. Estas empresas são pressionadas a baixar o seu ponto crítico das vendas, através da eficiência e redução dos fixos.

A gestão de topo pressiona os responsáveis pelas compras para conseguirem comprar a preços mais competitivos. Estes tenderão a procurar alternativas de fornecedores com preços mais baixos. Contactarão os seus atuais fornecedores no sentido de conseguir melhores preços, com a ameaça de mudar, caso tal não aconteça.

Os vendedores terão que redefinir a relação entre o preço que estabelecem e o valor do produto que colocam no mercado. Também é o tempo de novas oportunidades, onde as empresas inovadores terão mais sucesso.

Estratégias de marketing numa recessão

Durante uma recessão, as empresas normalmente sofrem um decréscimo das vendas. Adicionalmente, os seus preços caiem, os seus custos sobem e os seus lucros baixam consideravelmente. A responsabilidade das empresas é conseguir aumentar o volume de vendas a preços altos, conseguindo, ao mesmo tempo, um controlo sobre os custos.

A rapidez e o tipo de resposta dos gestores à recessão, dependerá da dimensão da descida dos lucros e da sua previsão sobre quanto tempo ela permanecerá ativa. Por um lado, existem empresas que têm um bom desempenho apesar da recessão, não necessitando alterar as suas estratégias de marketing. Por outro lado, existem empresas que têm que fazer ajustamentos rápidos às suas estratégias de marketing.

Numa recessão, os gestores, por norma, reduzem os custos fixos, dispensam pessoal, gerem melhor o seu capital circulante, tendem a aumentar a sua liquidez e tomam decisões de compra de uma forma mais cuidadosa. O esforço é dirigido para baixar o ponto morto das vendas, de modo a que consigam utilizar uma menor capacidade produtiva e, mesmo assim, ganhar dinheiro. Na área do marketing, os gestores devem considerar um conjunto de ajustamentos possível no seu mix de clientes e de marketing.

Mix de clientes

Em épocas de recessão, as empresas devem reexaminar os seus mercados e concluir sobre os que têm o maior potencial de expansão e em quais se perde dinheiro ano após ano. Retirando-se de mercados sem potencial e redirecionando os recursos para mercados em expansão, a empresa conseguirá assim assegurar o seu futuro a médio e longo prazo.

Quando a economia não está num bom momento, as empresas estão ansiosas em encontrar novos clientes, tendo em vista compensar a descida das vendas dos atuais clientes. Podem, por exemplo, conseguir novos clientes em segmentos de negócio e áreas geográficas menos visíveis. As empresas podem iniciar ou reforçar a sua presença em mercados externos. Para atrair novos clientes, as empresas podem oferecer melhores condições de crédito, bem como melhorar a qualidade do seu serviço.

Um objetivo a considerar numa economia em recessão é aumentar a quota de mercado. Numa recessão, é o momento indicado para conseguir mais clientes, já que os concorrentes mais fracos saiem do mercado.

Mix do produto

Em épocas de prosperidade, as empresas desenvolvem novos produtos até que todos os segmentos estejam preenchidos. A chegada de uma recessão é o momento indicado para analisar a linha de produtos existente, apostar nos produtos com mais sucesso e tirar de linha os produtos não rentáveis.

As empresas devem introduzir novos produtos com preços mais competitivos e com maior valor acrescentado para ir ao encontro das necessidades do mercado. Naturalmente, estes produtos não devem perder as suas caraterísticas essenciais, devendo introduzir-se alguma inovação tecnológica.

As empresas devem também procurar novos mercados, particularmente, os que estão numa fase de crescimento, bem como mercados menos afetados pela recessão. Outras empresas encontram a sua salvação lançando novos produtos da mesma categoria nos seus mercados atuais. Ao mesmo tempo, as empresas devem aumentar e não baixar os seus orçamentos de marketing, acreditando aumentar a sua quota de mercado, que é perdida pelas empresas que saiem do mercado.

Preço

Durante uma recessão, as empresas optam por políticas de preço agressivas para conseguir novos clientes. Uma certa parte das empresas deve rever a sua estratégia de preço, Elas têm que decidir se dão mais valor ao preço ou ao valor acrescentado, na sua estratégia de marketing.

Empresa com uma boa imagem e um produto superior, deverá enfatizar o valor do seu produto e evitar táticas de preço agressivo, que poderá deteriorar a sua imagem. Se uma empresa tem produtos mais caros e outros nem tanto, tem que decidir em quais deles deve apostar em termos de advertising. Alguns gestores preferem promover os produtos mais económicos para atrair novos clientes, enquanto outros apostam nos modelos mais caros para dar uma imagem da alta qualidade.

Nestes períodos recessivos, a dificuldade das táticas de preço promocionais é que, no caso de terem sucesso, os concorrentes copiam-nas rápidamente, perdendo eficiência para a empresa. Em caso de insucesso, a empresa gastou meios que podiam ser utilizados em instrumentos de marketing de longo prazo, tendo em vista conseguir melhorar a qualidade do produto e serviço, bem como a sua própria imagem.

Distribuição

Em períodos de economia recessiva, levam os consumidores a reajustar os seus hábitos de consumo, passando a frequentar espaços de venda com preços mais competitivos. A recessão faz aparecer novos espaços comerciais a preços mais baixos, na área da restauração, equipamentos, ou até computadores. Por outro lado, os consumidores de rendimentos mais baixos passam a frequentar lojas de bens usados.

As empresas com canais de distribuição mais caros, verão as suas vendas baixar e exitam em caminhar, ou não, para canais alternativos de baixo preço, arriscando deteriorar a sua imagem de marca. Estas empresas esperam que a recessão passe depressa para que não sejam obrigados a mudar de canal de distribuição.

Advertising e promoção de vendas

Numa época de recessão, as empresas têm que reajustar os seus orçamentos de advertising, de promoção de vendas, bem como de outras técnicas de marketing. Adicionalmente, elas também procuram novas mensagens, mais adaptadas à forma de pensar dos consumidores. Algumas empresas dão ênfase à forma como os seus produtos podem ajudar os consumidores a poupar dinheiro.

As empresas cortam os seus orçamentos de advertising na medida em que, nestas épocas de recessão, é mais difícil chegar à mente dos consumidores que está mais preocupada com a poupança do que com consumo. Além disso, é normal acontecer um desvio das televisões, mais caras, para rádio e jornais, com custos mais competitivos.

Nestes períodos de dificuldades económicas, a promoção de vendas assume um papel mais relevante, nomeadamente, promoções do tipo, paga um e leva dois. Os consumidores estão muito mais sensíveis às promoções de venda do que, própriamente, às diferentes formas de advertising.

Força de vendas e serviço ao cliente

Durante uma recessão não é fácil vender, pelo que a equipa de vendas poderá andar desmotivada. As empresas necessitam de encontrar formas para motivar a sua força de vendas. Como tal, dão bónus aos seus vendedores para tentarem vender os produtos mais lucrativos, bem como os produtos em excesso nos armazéns.

As empresas treinam a sua força de vendas para concretizar as vendas por telefone de uma forma mais eficiente e incentivam a venda direta. Algumas eliminam o serviço ao cliente para conseguir alguma poupança, mas isto tem que ser feito de uma forma muito cuidadosa, porque se corta esse serviço em épocas de crise, deixa de se poder distinguir dos seus concorrentes.

Algumas empresas são tentadas a reduzir consideravelmente os seus investimentos nestes períodos de maiores dificuldades, para manter as suas margens de lucro. Se o fizerem, é provável que paguem um preço, quando a economia recuperar. Não só não investiram para inovar, como viram a sua credibilidade afetada pelos clientes.

Outras empresas desenvolvem estratégias diferentes, já que atravessam a fase recessiva investindo da mesma forma, preparando o seu futuro a médio e longo prazo. A ideia chave desta estratégia é que as empresas devem comprometerem-se para o futuro em certos mercados e estratégias de marketing, não devendo afastar esta linha de rumo quando aparecem as primeiras dificuldades numa recessão.

SUMÁRIO

As empresas devem rever a sua estratégia de marketing, à medida que a economia evolui nos diferentes climas macroeconómicos, ou seja, em períodos de escassez, inflação e recessão.

A escassez poderá atingir indústrias diferentes em momentos distintos. Por vezes, a economia global entra numa fase de escassez causada por uma guerra, por causas naturais, ou mesmo, por ações concertadas entre fornecedores. Durante este período, os compradores lutam para encontrar o que necessitam e oferecem preços mais altos por bens escassos. As empresas analisam o seu mix de clientes e decidem quais os que devem preservar em termos de fornecimentos e em que medida. As empresas irão reprogramar o seu *marketing mix*. Irão concentrar-se a fabricar os produtos mais lucrativos e não desperdiçam recursos em produtos menos rentáveis. Os preços irão subir necessariamente. Irão concentrar-se nos canais de distribuição mais eficazes. Irão reduzir o seu orçamento de advertising. A plataforma de marketing deste período, é ajudar os clientes a ultrapassar esta fase, de modo que eles se tornem leais após este período, mantendo uma boa imagem perante eles.

Um período de inflação rápida segue-se a um período de escassez. Os consumidores tornam-se muito sensíveis ao preço, respondendo com uma prática de poupança que pode assumir formas diferentes: adiar a compra, comparação de preços, procura de lojas de desconto, etc. Os compradores discutirão mais o preço e procuram os bens mais baratos. As empresas revêem a lista dos seus clientes, dando prioridade aos clientes que pagam melhor e mais lucrativos. Focam-se em vender os produtos mais rentáveis. Os canais de distribuição menos onerosos são os mais utilizados. As empresas revêem os seus orçamentos de advertising, mensagem e os meios de comunicação utilizados durante este período. A equipa comercial tem que explicar a política de preços aos seus clientes e a razão da mesma.

Uma recessão segue normalmente o período de inflação, porque as políticas governamentais serão dirigidas para restringir a procura. Em consequência, haverá inventários em excesso, demissão de pessoal e poder de compra reduzido. Os compradores respondem comprando menos e de uma forma mais eficiente. As empresas tentam manter os clientes atuais e procuram novos clientes. As empresas mudarão o seu *marketing-mix*, passando do advertising para as promoções de vendas. Os gestores incentivam a sua força de vendas a trabalhar árduamente e oferecem bónus para vender certos produtos.

QUESTÕES

1. Apresente algumas estratégias de marketing alternativas para serem seguidas por uma empresa petrolífera, numa fase de grande escassez de combustível.
2. Duas empresas, A e B, representam 100 % das vendas numa determinada indústria. A empresa A pratica preços altos e é de qualidade superior. A empresa B prtaica preços baixos e é de qualidade inferior. Durante um período de subida do rendimento real, a empresa A tem 60% da quota de mercado e a empresa tem o restante. No período subsequente a inflação alta e recessão, diversos compradores mudaram para a empresa B, devido à necessidade de economizar. Quais são as estratégias alternativas da empresa A, de modo a não perder mais quota de mercado?
3. Discuta o impacto das diferentes variáveis do *marketing mix* na quota de mercado das empresas.
4. Analise a natureza e caraterísticas de uma recessão e o seu impacto no comportamento dos consumidores.

10
Estratégias de Marketing no Mercado Global

O mercado nacional é muito mais seguro e simples do que o mercado internacional. Os gestores não têm que aprender outra língua, lidar com uma moeda diferente, fazer face a incertezas políticas e legais, ou adaptar o produto a outro tipo de consumidores; contudo, por vezes, o mercado interno é escasso, não suficiente para absorver a produção existente; sem abandonar o mercado interno, torna-se atrativo aproveitar as oportunidades fora de portas, apesar dos custos extra e das incertezas inerentes.

O comércio internacional constitui não só uma oportunidade como também uma ameaça. É uma oportunidade na medida em que permite às empresas ter novos canais de distribuição e novos clientes. Através do comércio internacional, as empresas podem alongar o ciclo de vida dos seus produtos, levando-os para outros países, à medida que estes estão em condições de os receber. O comércio é também uma ameaça, na medida em que os outros países poderão aprender a fabricar os mesmos produtos ou produtos diferentes ainda melhores e a custos mais baixos. Em termos globais, o ciclo de vida internacional do produto, requere que as empresas tenham uma visão global do seu negócio.

No comércio internacional os princípios de marketing são básicamente os mesmos; no entanto, as diferenças entre os diferentes países pode ser bastante considerável, pelo que os gestores devem compreender o ambiente internacional e as instituições e devem estar preparados para rever os princípios básicos sobre a forma como as pessoas respondem aos estímulos do marketing.

ANÁLISE DO AMBIENTE DE MARKETING INTERNACIONAL

Uma empresa deve aprender muitas coisas antes de pensar vender nos mercados internacionais. Antes de mais, deve adquirir um profundo conhecimento do ambiente de marketing internacional.

O sistema de comércio internacional

Quando as empresas tentam vender num outro país, podem deparar-se com várias restrições. A restrição mais comum é a obrigatoriedade de pagar uma *tarifa*, que é uma taxa estabelecida por um governo para certos produtos importados.

O exportador também pode ter que lidar com uma *quota,* que estabelece certos limites à quantidade de produtos que o país importador aceitará para certas categorias de produtos. O objetivo da quota é controlar o comércio internacional e proteger a indústria local e o emprego. O *embargo* é uma forma de quota extrema, já que alguns produtos estão simplesmente proibidos totalmente.

O comércio internacional é tambem controlado pelas trocas cambiais autorizadas, ou seja, o montante máximo de câmbios autorizados e a respetiva taxa de câmbio entre as diferentes moedas. Existem também barreiras não tarifárias, que consiste numa certa descriminação existentes contra os produtos de alguns países.

Ambiente económico

Ao considerar mercados externos, os gestores de marketing internacionais devem estudar a economia de cada país. Pelo menos duas caraterísticas devem ser tomadas em conta, tendo em vista analisar a atratividade de um mercado externo.

Em primeiro lugar, a estrutura industrial do país, que reflete os requisistos de produtos e serviços, os níveis de rendimento, os níveis de emprego, etc. Podem ser distinguidas quatro formas de estrutura industrial:

Economias de subsistência

Neste tipo de economias, a maioria da população dedica-se à agricultura, que consome a maioria do seu output, oferecendo poucas oportunidades aos exportadores.

Economias exportadoras de matérias primas

Estas economias são ricas em um ou mais recursos materiais, mas muito pobres em relação a outros aspetos. Grande parte do seu rendimento resulta da exportação desses recursos naturais. Como exemplo, podemos dar a Arábia Saudita (petróleo) e Chile (cobre). Economias deste tipo são bons mercados para equipamento de extração de minérios, utensílios, ferramentas, camiões, etc. Dependendo do número de residentes estrangeiros, são também bons mercados para mercadorias ocidentais e bens de luxo.

Economias em desenvolvimento

Neste tipo de economias, a indústria contará com 10% a 20% do Produto Nacional Bruto. Como exemplos, refira-se os casos da Índia, Brasil, Filipinas. À medida que a indústria cresce, estas economias precisam mais de matérias primas da indústria textil, aço e maquinaria pesada. A industrialização dá origem a uma nova classe rica e uma classe média crescente, qualquer delas necessitando novos tipos de bens, que só podem ser fornecidos pelos empresas importadoras desses países.

Economias industrializadas

Estas economias são as maiores exportadoras de produtos manufaturados. Elas comercializam este tipo de produtos entre elas, bem como os exportam para outros países, de onde importam matérias primas e produtos intermédios. As atividades industriais variadas deste tipo de economias e a sua classe média, tornam-nas mercados ricos para diversos tipos de bens.

Estes diferentes tipos estruturais de economias não são necessáriamente cronológicos. Muitas economias em desenvolvimento, são caraterizadas por uma econmia dual, onde a economia de subsistência coexiste com economias exportadoras de matérias primas e com economias em desenvolvimento. Nestes contextos económicos, as oportunidades para os exportadores podem ser significativamente aumentadas, caso os esforços de marketing sejam integrados nos dois setores.

Em segundo lugar, a distribuição de rendimentos do país, que está relacionada com a estrutura industrial do país,mas também é afetada pelo sistema político. O gestor de marketing internacional distingue os países de acordo com os seguintes padrões de distribuição do rendimento: (1) rendimentos familiares muito baixos, (2) rendimentos familiares muito baixos em maioria, (3) rendimentos familiares muito baixos e muito altos, (4) rendimentos familiares muito baixos, médios e muito altos e (5) rendimentos familiares médios em maioria.

Ambiente político e legal

As nações diferem consideravelmente em relação ao seu ambiente político e legal. Uma empresa deve considerar quatro fatores antes de decidir fazer negócios num determinado país.

Atitudes em relação às compras internacionais

Algumas nações são muito recetivas e até encorajadoras, em relação às empresas estrangeiras; no sentido contrário, há nações muitos hostis a tudo o que é presença estrangeira.

Estabilidade política

A estabilidade política futura é outra garnde questão. Em certos países, podem acontecer mudanças de governo de uma forma muito violenta. O património de uma empresa estrangeira pode ser expropriado, as disponibilidades financeiras podem ser congeladas e quotas de importação ou outros deveres podem ser impostas.

Mesmo em países onde a instabilidade política é alta, as empresas podem decidir fazer negócios, achando que continua a ser rentável, apesar dessa instabilidade; contudo, tal situação pode influenciar a forma de entrar nesses países. Poderão optar por exportação direta, em vez de investimento nesses países. Como resultado, as pessoas em países de grande hostilidade para com os estrangeiros, pagam preços mais altos, têm menos emprego e têm produtos menos satisfatórios.

Regulamentos monetários

Quem vende quer realizar lucros numa moeda que tenha valor. Na situação melhor, o importador pode pagar na moeda do exportador. Semelhante a isto, é receber numa moeda fraca desse país, mas ter a possibilidade de a utilizar para comprar outros bens que necessita ou que pode vender noutro país. O pior cenário é receber com produtos dificilmente transacionáveis desse país hostil, que possam vender somente com prejuízo. Para além de restrições nos pagamentos, uma taxa de câmbio de elevada volatilidade, também criará riscos altos para o exportador.

Burocracia governamental

Este fator representa a forma como os governos dos países hostis, implementam um sistema eficiente para assistir as empresas estarngeiras. Eficiência na informação sobre os mercados e sobre outras variáveis subjacentes à realização de negócios.

Ambiente cultural

Cada país tem os seus próprios costumes, normas e tabus. A forma como os consumidores estrangeiros pensam acerca de certos produtos, deve ser analisada pelo exportador, antes de definir um programa de marketing. As regras e os comportamemtos nos negócios também variam de país para país.

DECISÃO DE IR OU NÃO PARA O EXTERIOR

A decisão de ir para fora do país pode ser realizada de duas maneiras diferentes. Por um lado, alguém, um exportador nacional, um importador estrangeiro, um governo estrangeiro, solicitam à empresa para vender nesse país. Por outro lado, a empresa pode querer, por ela própria, dar os passos para fazer negócios fora do país de origem. Entre várias razões, pode existir capacidade produtiva excedentária, ou a empresa ter verificado melhores oportunidades de negócio num país estrangeiro.

Antes de caminhar para mercados externos, as empresas devem tentar definir os seus objetivos e políticas orientadoras em relação aos mercados externos.

Em primeiro lugar, as empresas devem definir a proporção de vendas externas em relação às vendas totais, que elas procuram. A maioria das empresas começam devagar quando caminham para o exterior. Algumas planeiam ficar pequenas, estabelecendo o negócio externo como uma pequena parte do seu negócio global. Outras empresas têm planos mais grandiosos, estabelecendo o mercado externo tão ou mais importante que o mercado doméstico.

Em segundo lugar, as empresas devem escolher fazer negócio em poucos ou muitos países, dependendo das suas condições intrinsicas.

Em terceiro lugar, a atratividade dos países depende dos produtos que as empresas têm para vender, da fatores geográficos, rendimento e população, clima político e outros fatores. As empresas exportadoras podem ter alguma preferência por certos países ou partes do mercado global.

DECISÃO SOBRE OS MERCADOS A EXPLORAR

Depois de desenvolver uma lista de possíveis mercados para exportação, a empresa tem que fazer uma ordenação, de acordo com um conjunto de critérios, tamanho de mercado, crescimento do mercado, custos para fazer negócios, vantagem competitiva e nível de risco.

O objetivo é estimar a taxa de retorno provável do investimento em cada mercado. Para conseguir este objetivo, poder-se-ão considerar os seguintes passos:

(i) Estimar o potencial de mercado

Este primeiro passo consiste em estimar o potencial do mercado corrente de cada mercado. Esta tarefa envolve o uso de dados publicados e informação recolhida através de pesquisas realizadas.

(ii) Prever o potencial futuro do mercado e o risco

As empresas também precisam de prever o mercado potencial futuro, uma tarefa difícil. Inclui a previsão do desempenho económico, como seja, a taxa de crescimento anual do Produto Nacional Bruto. Inclui a avaliação da instabilidade política ao longo dos anos, baseada em números de greves, manifestações, atentados terroristas, etc.

(iii) Prever o potencial de vendas

Prever o potencial de vendas da empresa é outra tarefa difícil.

(iv) Prever os custos e lucros

Os custos dependerão da estratégia de entrada nesses países. Se exporta diretamente, os custos serão imputados aos diferentes contratos. Se investe em indústria local, a previsão de custos requere um conhecimento das condições laborais, taxas, práticas de negócio, etc. A empresa retirará os custos das vendas estimadas, para estimar os lucros potenciais de cada ano no horizonte temporal definido.

(v) Estimativa da taxa de retorno do investimento

A estimativa dos cash flows anuais deve ser relacionada com o investimento previsto, tendo em vista estimar a taxa implicita de retorno. Esta taxa tem que ser suficientemente elevada para compensar, por um lado, o objetivo estabelecido de retorno para o investimento e, por outro lado, o risco da incerteza inerente ao negócio nesse país.

DECISÃO SOBRE A FORMA DE ENTRAR NO MERCADO

Depois de uma empresa decidir vender num determinado país, tem que decidir sobre a melhor forma de entrar nesse país. As sua escolhas poderão ir da exportação direta, fazer contratos de associação, *joint ventures,* ou através de investimento direto nesse país. Cada uma destas estratégias envolve compromisso, riscos e lucros potenciais.

Exportação

A forma mais simples de entrar num mercado externo é através das exportações. As exportações ocasionais traduzem-se num envolvimento leve, onde a empresa exporta excessos de produção de vez em quando, vendendo a compradores residentes, que representam países estrangeiros. A exportação ativa acontece quando a empresa assume o compromisso de expandir as exportações para um determinado mercado.

Em ambos os casos, a empresa fabrica todos os seus produtos no país de origem. Poderá, ou não, modelar tais produtos para um determinado mercado. As exportações envolvem alterações mínimas na linha de produtos, na organização, nos investimentos ou na missão da empresa.

Uma empresa pode exportar os seus produtos de duas maneiras. Pode contratar um intermediário comercial independente (exportação indireta), ou tratar de tudo diretamente, sem intervenção de intermediários (exportação direta).

Exportação indireta

A exportação indireta é mais comum em empresas que começaram a exportar há pouco tempo. Em primeiro lugar, envolve menos investimento. A empresa não tem que criar uma força de vendas no país de exportação. Em segundo lugar, envolve menos riscos. O intermediário comercial traz conhecimento, experiência e know how, pelo que o exportador comete menos erros.

Podem resumir-se os seguintes tipos de intermediários comerciais, baseados internamente, no país de exportação:

(i) Intermediário comercial

Este intermediário comercial compra o produto ao exportador e vende-o, por sua conta e risco, no mercado externo.

(ii) Agente individual de exportação

Este agente procura e negoceia compradores estrangeiros, recebendo uma comissão. Estão neste grupo as empresas de trading.

(ii) Organização cooperativa

Esta organização cooperativa envolve-se em atividades de exportação, em benefício de diversos produtores e está, em parte, sob o seu controlo administrativo. Esta forma é normalmente usada por produtores de produtos primários – frutas, produtos agrícolas, etc.

(iv) Empresa de gestão de exportações

Uma empresa de gestão de exportações concorda em gerir as exportações da empresa por uma comissão.

Exportação direta

As empresas que são abordadas por compradores estrangeiros, optam por exportação direta. Tal acontece, normalmente, com empresas com volumes consideráveis de exportação. O investimento e o risco será mais elevado, o mesmo acontecendo com o potencial de rendibilidade. Uma empresa pode desenvolver exportação direta de diversas formas:

(i) Departamento de exportação baseado internamente

Trata-se de um departamento ou divisão, coordenado por um gestor comercial de exportação, incluindo alguns assistentes administrativos. Este departamento envolve todas as tarefas relacionadas com exportação, podendo constituir um centro de resultados.

(ii) Subsidiária no país de exportação

Esta subsidiária funcionará como centro logístico, podendo incluir distribuição, armazenagem e serviço ao cliente

(iii) Força de vendas com caráter temporário

A empresa exportadora envia periódicamente, uma equipa de vendas, tendo em vista desenvolver certos negócios.

(iv) Agentes baseados no país de exportação

A empresa exportadora envia periódicamente, uma equipa de vendedores, tendo em vista desenvolver certos negócios no país de destino.

Contratos de licenciamento, *joint ventures*

Uma segunda forma de uma empresa entrar num mercado estrangeiro, é juntar-se a empresas estrangeiras locais, de modo a produzir e comercializar diretamente. Este tipo de cooperação é diferente da exportação porque são criadas estruturas de produção localmente e é diferente do investimento direto na medida em que é constituida uma associação com um agente local. As principais formas de *joint ventures* são as seguintes:

Licenciamento

O licenciamento representa uma forma simples de um fabricante se envolver no comércio e marketing internacional. Através de um contrato de licenciamento, a empresa licenciada consegue no mercado local estrangeiro, o direito de utilizar um certo processo produtivo, uma marca, um patente, ou outro direito, através do pagamento de uma comissão, ou um royalty.

Com um contrato desta natureza, o licenciado entra num certo mercado com um risco reduzido. O licenciador ganha conhecimentos ao nível da produção, um produto, uma marca, sem necessidade de começar do zero.

Esta forma de uma empresa entrar num certo mercado estrangeiro tem a desvantagem de ter que se ceder algum controlo sobre as operações, algo que não aconteceria se a empresa tivesse as sua próprias estruturas produtivas. Adicionalmente, caso haja sucesso neste tipo de parceria, parte dos lucros ficarão na empresa local.

Quando o contrato de licenciamento terminar, a empresa poderá ter contribuido para o aparecimento de um concorrente local. Uma forma de evitar este tipo de risco é conseguir repartir os resultados desse tipo de associação de uma forma equilibrada e continuar a investir na inovação, de modo a que a empresa local mantenha um certo grau de dependência.

Contrato de produção

Uma outra opção é fazer um contrato com produtores locais, no intuito de fabricar determinado produto. Esta forma de cooperação tem a desvantagem de implicar um controlo inferior sobre o processo de fabrico, bem como um controlo muito mais reduzido sobre os lucros. Pelo contrário, tem a vantagem de permitir à empresa de começar mais rápidamente, com menor risco, com a oportunidade de formar uma cooperação proveitosa, ou comprar um parceiro local mais tarde.

Contrato de gestão

Num contrato de gestão, a empresa que se quer deslocalizar fornece o *know-how* da gestão, enquanto a empresa local estrangeira fornece o capital. Ou seja, a empresa que vai para o exterior, fornece serviços de gestão em vez de produtos. Como exemplo, a cadeia hoteleira Hilton, que gere diversos hoteis por todo o mundo.

Este tipo de contrato é um método de entrar num mercado estrangeiro com um risco muito baixo, com rendimentos desde o começo. Este tipo de compromisso ainda se torna mais atrativo, caso haja a possibilidade de comprar uma parte do capital social da empresa que está sob um contrato de gestão, num certo período de tempo.

Contratos de licenciamento e controlo, *joint-ownership ventures*

Num contrato desta natureza, investidores estrangeiros juntam-se a empresas locais para desenvolver negócios locais, nos quais, ambas as empresas repartem o poder e o controlo. Um investidor estrangeiro poderá adquirir parte do capital de uma empresa local, uma empresa local poderá adquirir parte do capital de uma empresa estrangeira já instalada, ou as duas partes constituirem uma nova cooperação para desenvolverem certos negócios.

Este tipo de cooperação pode ser necessária e desejável por razões económicas e políticas. Por um lado, uma empresa pode não ter, só por si, os recursos físicos, financeiros e de gestão, necessários para desenvolver um projeto empresarial Por outro lado, o governo estrangeiro pode exigir poder e controlo conjunto para o desenvolvimento do negócio.

O poder conjunto poderá implicar algumas dificuldades. Os parceiros podem discordar relativamente ao investimento a realizar, política de marketing ou outras políticas. Pode aconteer que uma empresa estrangeira pretenda reinvestir os seus lucros e a empresa local pretenda que os lucros sejam distribuidos. Pode acontecer que uma empresa estrangeira queira dar uma grande relevo ao papel do marketing e o investidor local queira confiar em exclusivo na força comercial. Por último, poderá acontecer que certas políticas de produção e de marketing num contexto de mercado global, só poderão ser implementadas num esforço conjunto de várias entidades, em cada uma, individualmente, tenha algum poder de controlo.

Investimento Direto

Uma outra forma de entrar num país estrangeiro é através de investimento direto em estruturas produtivas e logísticas, desenvolvendo assim o processo de fabricação no próprio país estrangeiro onde se pretende desenvolver negócios. À medidas que uma empresa ganha experiência nas exportações para um determinado país, passando a conhecê-lo melhor, e se o mercado é suficientemente amplo, a existência de uma estrutura produtiva nesse país oferece algumas vantagens.

Em primeiro lugar, as empresas conseguem economizar custos, na forma de força de trabalho mais barata, matérias primas mais competitivas, ou mesmo incentivos para investimento a nível local. Em segundo lugar, as empresas ganharão uma boa imagem pelo facto de criarem empregos. Em terceiro lugar, desenvolve-se uma relação estreita com os governos locais, clientes, fornecedores e distribuidores, de forma a conseguir uma melhor adaptação do produto ao ambiente do mercado local. Em quarto lugar, existe um controlo total sobre o investimento, conseguindo desenvolver melhor as políticas industriais e de marketing, de modo a alcançar os objetivos internacionais de médio e longo prazo.

A principal desvantagem reside na exposição de um grande investimento ao risco, tal como a desvalorização da moeda, ou expropriação. Em alguns casos, as empresa não têm outra hipótese se não aceitar tais riscos num país hostil.

DECISÃO SOBRE A ESTRATÉGIA E PROGRAMA DE MARKETING

As empresas que operam em mais de um mercado estrangeiro devem decidir de que forma devem adaptar o seu *marketing mix* às condições do mercado local. Num extremo, estão as empresas que usam um marketing mix standard para todos os mercados onde têm negócios. A standarização do produto, do advertising, dos canais de distribuição e outros elementos do marketing mix, traduz-se em custos mais baixos, na medida em que não são introduzidas alterações de relevo à estratégia original.

Num outro extremo, está a ideia de um *marketing mix* ajustado, onde o produtor ajusta os elementos do *marketing mix* a cada mercado objetivo, suportando mais custos, mas tendo a esperança de uma maior quota de mercado e uma mais elevada rendibilidade. Entre estes dois extremos, existem várias posssibilidades, envolvendo pequenas ou grandes alterações do *marketing mix*. Vejam-se algumas adaptações possíveis que as empresas podem desenvolver, ao nível do produto, promoções, preço e distribuição, quando decidem entrar num mercado externo.

Produto

Ao decidir entrar num determinado mercado, as empresas podem optar uma das seguintes estratégias ao nível do produto. Em primeiro lugar, podem introduzir o produto sem qualquer adaptação. Os gestores dão instruções à sua força de vendas para terem em conta o produto existente e tentarem vendê-lo tal como é, sem qualquer ajustamento. Esta estratégia tem resultado com alguns produtos nalguns mercados com grande sucesso, mas noutros mercados com grande fracasso.

Esta forma de abordar um certo mercado é tentadora, porque não envolve custos em investigação e desenvolvimento, não implica alterações, nem ao produto, nem à política promocional. Mas poderá ter uma fatura a pagar no médio e longo prazo. Uma forma de conseguir bons resultados com esta estratégia, é usar pesquisa de marketing para obter informações sobre possíveis novas aplicações do produto no mercado externo.

Em segundo lugar, ao nível do produto, a estratégia pode passar por adaptações ao produto, de modo a ajustar-se às preferencias e necessidades dos mercados locais. Por norma, as adaptações mais comuns dos produtos, pretendem responder às necessidades báicas das populações nos países menos desenvolvidos.

Em terceiro lugar, a este nível do produto, a estratégia traduz-se na invenção de um novo produto. Poderá consistir na reinvenção de certas formas de produtos já introduzidos anteriormente, mas que necessitam de ser adaptados às necessidades de um país específico. Poderá também consistir em criar um novo produto, uma nova marca, no intuito de ir ao encontro das necessidades de um certo país. A título de exemplo, nos países menos desnvolvidos, existe uma enorme necessidade de uma alimentação a baixo custo e com elevado teor de protaínas. A invenção de novos produtos é uma estratégia onerosa, mas potenciará o aparecimento de lucros consideráveis.

Promoção

As empresas poderão adaptar a sua estratégia promocional que usam no mercado doméstico ou, pelo contrário, alterá-la para o mercado estrangeiro. Ou seja, as empresas podem utilizar os mesmos placards de advertising usados no país de origem, ou podem optar por mensagens diferentes, de acordo com a realidade local.

O uso dos media requere uma adaptação internacional, na medida em que a disponibilidade e o seu impacto sobre as pessoas varia de país para país. Assim, a título de exemplo, na Suécia, a radio e a televisão comercial não é muito relevante. As revistas são um dos media com maior impacto na Itália e sem relevância na Áustria. No Reino Unido, os jornais têm um impacto nacional, enquanto em Espanha, são os jornais locais que mais chegam às pessoas.

Preço

Por norma, as empresas vendem os seus produtos nos mercados internacionais a preços mais baixos. Tendo em conta, que nalguns países, o rendimento médio disponível das famílias é baixo, torna-se necessário baixar o preço para se conseguir vender os produtos. As empresas decidem-se por um preço baixo, para ganhar quota de mercado. Também pode acontecer que as empresas pretendam vender alguns produtos no exterior, já que não têm procura no mercado doméstico.

Quando as empresas vendem muito baixo no mercado externo do que no mercado interno, diz-se que estão apraticar *dumping*. Em alguns países, quando é provado que existe *dumping*, as empresas que o praticam, são objeto de uma taxa ou tarifa.

Quando os produtos são distribuidos num mercado externo através de intermediários locais, os exportadores perdem o controlo sobre os preços de retalho praticados. Adicionalmente, estes intermediários costumam exigir crédito aquando da exportação, o que aumenta o custo e risco para o exportador.

Canais de distribuição

Uma empresa internacional deve ter uma visão global da distribuição dos produtos, tendo em vista chegar ao consumidor final. Em primeiro lugar, a estrutura e organização do próprio exportador que supervisiona e é parte do canal global. Em segundo lugar, o canal entre as nações, conduz os produtos até à fronteira do país importador. Em terceiro lugar, os canais dentro dos próprio país importador, que conduzem os produtos desde a fronteira até ao local de consumo.

O número de canais de distribuição dentro de cada cada país importador varia de país para país. De qualquer forma, por norma, desde o momento em que os produtos entram pela fronteira de um país até chegarem ao consumidor final, existem muitos intermediários com dimensões e caraterísticas muito diferentes.

Em relação ao tamanho e às caraterísticas do retalho, são muitas as diferenças entre os diferentes países importadores. Em certos países, o retalho assenta, essencialmente, nos grandes canais de distribuição, mais conhecidas por grandes superfícies. Noutros países importadores, o retalho assenta em milhares de muito pequenos retalhistas, operando, muitas vezes, em mercados abertos, sem as melhores condições de conservação dos produtos. É o caso da Índia e a maioria doa países asiáticos e africanos.

DECISÃO SOBRE A ORGANIZAÇÃO COMERCIAL E DE MARKETING

As empresas gerem as suas atividades comerciais e de marketing da seguinte forma:

Departamento de exportação

Por norma, as empresas entram no mercado internacional através de uma simples exportação de bens. Quando as exportações aumentam, as empresas formam um departamento/seção de exportação, com um gestor e alguns colaboradores. Quando as exportações ainda crescem mais, este departamento expande-se com novas vertentes e serviços, de modo a fazer face ao acréscimo de procura de uma forma mais eficiente. Caso a empresa exportadora evolua para algum tipo de cooperação, *join venture* ou investimento direto, este tipo de organização já não se justifica.

Departamento internacional

Algumas grandes empresas apostam em diversos mercados internacionais e *ventures* ao em simultâneo. Uma empresa pode exportar para um país, fazer contratos de licensiamento noutro país, fazer uma join venture noutro país e deter uma subsidiária num outro país. Assim, mais tarde ou mais cedo, esta empresa irá criar um departamento/divisão internacional, tendo em vista a gestão de toda esta envolvência internacional. Este departamento deverá ter objetivos bem definidos, um orçamento próprio, um responsável, que terá a seu cargo o desenvolvimento e consolidação dos mercados internacionais em que a empresa está envolvida.

Estes departamentos/divisões internacionais podem estar organizados de diversas formas, nomeadamente, em termos geográficos, de acordo com a natureza do produto, ou de acordo com cada subsidiária existente. A maior desvantagem deste tipo de organização é o facto da gestão de topo poder pensar que se trata de um departamento como outro qualquer, não se envolvendo da forma mais conveniente na realização dos seus objetivos.

Departamento multinacional

As maiores empresas passaram dos departamentos internacionais a departamentos multinacionais. De organizações nacionais com projetos de exportação, passaram a pensar como organizações à escala global. Os gestores de topo passam a concentrar-se em planear a nível global, a localização da estrutura produtiva, política comercial e de marketing, fluxos financeiros e sistema logístico.

SUMÁRIO

As empresas têm que desenvolver marketing internacional devido a uma variedade de razões. Algumas residem nas fracas oportunidades do mercado doméstico e outras baseiam-se em boas oportunidades no mercado externo. Tendo em conta o risco envolvido nas trocas internacionais, as empresas têm que estar preparadas para tomar estas importantes decisões sobre a possibilidade de caminhar, ou não, para os mercados externos.

O primeiro passo é compreender o ambiente comercial e de marketing internacional, particularmente, o sistema de comércio internacional. Caso se pretenda caminhar para um certo mercado externo, deve ser analisado o ambiente económico, político, legal e social desse mercado. A empresa deve decidir qual a percentagem de vendas no exterior que pretende atingir, se pretende um ou vários mercados externos e quais pretende selecionar. A empresa terá que decidir de que forma pretende entra em certo mercado, se através da exportação, se através de *joint ventures,* ou investimento direto. As empresas têm que decidir em que medida os seus produtos, promoção, preço e canais de distribuição, se ajustam aos mercados externos. Por último, as empresas devem implementar uma organização eficiente de modo a implementar uma política de marketing internacional. Muitas empresas começam com um departamento de exportação, ajustando a sua organização à sua evolução nos mercados internacionais.

QUESTÕES

1. Discuta os aspetos relevantes de natureza política ou legal que poderiam afetar o investimento de um grande grupo da área da distribuição nacional em países como Angola ou Moçambique.
2. Analise os aspetos essenciais a ter em conta na decisão sobre quais devem ser os mercados para onde uma empresa deve exportar.
3. Investimento direto e *joint ventures* são duas formas alternativas de caminhar para o exterior. Apresente as suas diferenças, destacando as vantagens e desvantagens de cada uma.
4. "*Antes da decisão de ir para o exterior, as empresas devem ter em consideração um conjunto de aspetos que fundamentem tal decisão*". Comente esta afirmação.

PARTE III - **TÁTICAS DE MARKETING**

Definida a estratégia, exige-se rigor na definição das táticas a seguir. Em vendas, pede-se uma adequação dos objetivos, estrutura, tamanho e sistema de compensação da força de vendas. Na distribuição, é crucial usar o canal que melhor conduz o produto da produção ao consumo. No advertising, exige-se a definição dos objetivos, do nível de gastos, a mensagem, os meios. Na promoção e publicidade, há que definir os melhores meios para estimular a resposta do mercado.

11
Gestão de Vendas

A função de vendas pode incluir um universo bastante vasto de posições de natureza comercial, onde as diferenças são, muitas vezes, mais relevantes do que as semelhanças. Assim, entre outras, poderão considerar-se as seguintes posições de vendas:

- Quem vende é, antes mais, a entrega do bem, como o pão, leite, combustíveis, etc.
- Quem vende apenas recebe pedidos de compra, limitando-se a entregar o produto. É o exemplo de quem trabalha atrás de um balcão numa mercearia.
- Não se espera de quem vende que faça qualquer nota de encomenda, mas somente elucidar o potencial vendedor sobre as caraterísticas de um produto. É o caso do delegado de propaganda médica.
- Venda onde a maior ênfase é colocada no conhecimento tecnológico. É o caso de um consultor de informática, que auxilia o cliente numa decisão de investimento.
- Vendas que requerem um conhecimento adequado do produto tangível a vender. É o caso da venda de frigoríficos, enciclopédias, etc.
- Posições que requerem um conhecimento prévio do produto intangível a vender. É o caso dos seguros, dos serviços de publicidade, etc.

As posições vão da menos criativa para o mais criativa forma de vender. As primeiras posições limitam-se a receber pedidos de compra, enquanto as últimas exigem que se explique e se convença o cliente sobre as caraterísticas do produto.

DEFINIÇÃO E ORGANIZAÇÃO DA FORÇA DE VENDAS

Frequentemente, a força de vendas é o único elo de ligação aos clientes, trazendo para a empresa muitas informações sobre as caraterísticas e situação de cada cliente. Em conformidade, as empresas devem debruçar-se sobre a estrutura e definição da força de vendas, nomeadamente, definição dos seus objetivos, estratégia, organização, tamanho e formas de compensação.

Objetivos da força de vendas

Os objetivos da força de vendas devem ser definidos em função dos objetivos dos mercados e da posição da empresa nesses mercados. As empresas devem ter em conta o papel único que a venda pessoal pode ter no *marketing mix,* tendo em vista a satisfação das necessidades dos consumidores de uma forma eficiente. É importante que as empresas pensem de uma forma muito cuidadosa sobre a forma como a força de vendas pode facilitar o marketing.

A força de vendas pode executar uma grande diversidade de tarefas nas suas empresas, como as seguintes:

- Prospeção – Podem pesquisar novos clientes que interessem à empresa;
- Comunicação – São um meio de comunicação e informação dos produtos da empresa a potenciais compradores;
- Venda – São o melhor recurso para conseguir apresentar o produto, responder a questões concretas e fechar as vendas;

- Serviço – A força de vendas fornece vários tipos de serviços aos clientes, como consultoria, assistência técnica, financiamento, etc.
- Informação – A força de vendas recolhe informações diversas sobre o mercado;
- Alocação – A força de vendas consegue avaliar a qualidade dos diferentes clientes e alocar recursos escassos em períodos de escassez.

As empresas devem ser muito rigorosas acerca das atividades e objetivos da força de vendas. Se não há normas estabelecidas, a força de vendas tende a ocupar grande parte do seu tempo a vender os mesmos produtos aos mesmos clientes, negligenciando, os novos produtos e prospeção de novos clientes.

À medida que as empresas passam a estar mais orientadas para o mercado, as suas forças de venda precisam de estar mais focadas no mercado que pretende atingir. A visão tradicional era de que a força de vendas se devia focar em vender, e que o departamento de marketing se ocuparia da estratégia de marketing. A nova visão é de que a força de vendas não deve esquecer a satisfação dos clientes e o lucro da empresa.

A força de vendas deve saber analisar informação de vendas, medir o potencial do mercado, recolher informação comercial e desenvolver estratégias e planos de marketing. Precisam de ter capacidade analítica de marketing, o que é mais importante em funções de maior responsabilidade na hierarquia. Os gestores de marketing acreditam que uma força de vendas mais orientada para o mercado do que para as vendas, será mais eficaz no longo prazo.

Estratégia da força de vendas

As empresas competem entre si tendo em vista conseguir encomendas dos clientes. Em conformidade, elas devem definir estrategicamente a sua força de vendas, de modo a conseguir os melhores clientes no tempo certo e de uma forma correta. Existem várias formas de aproximação aos clientes:

- De forma direta, em que um responsável comercial encara um potencial comprador presencialmente ou através do telefone;

- De forma direta, perante um grupo, em que um responsável comercial faz uma apresentação a um grupo potencial de compradores;
- De forma direta, perante um grupo, em que uma equipa comercial faz uma apresentação a um grupo potencial de compradores;
- De forma direta, uma conferência de vendas, com uma apresentação a um ou mais compradores potenciais, tendo em vista discutir problemas e oportunidades;
- De forma direta, seminário de vendas, em que uma equipa comercial apresenta os últimos desenvolvimentos a um grupo de potenciais compradores.

Ou seja, a aproximação aos clientes, cada vez mais, deverá envolver vários responsáveis na hierarquia das vendas, incluindo, por vezes, a gestão de topo em situações concretas.

Estrutura da força de vendas

A estratégia da força de vendas tem implicações na estrutura de vendas, de modo a ter o maior impacto no mercado. A estrutura de vendas poderá ser simples no caso da empresa vender uma linha de produtos para o mesmo tipo de industria, com os clientes situados em locais muito diferentes. Neste caso, estamos na presença de uma força de vendas estruturada territorialmente. Se a empresa vende vários tipos de produtos a vários tipos de clientes, deverá ter uma estrutura de vendas baseada no produto ou baseada no tipo de cliente.

Estrutura de vendas baseada no território

Numa organização simples, uma equipa de vendas é responsável por uma certa área geográfica, onde representará a linha de produtos completa da empresa. Este tipo de estrutura de vendas tem um certo número de vantagens. Em primeiro lugar, resultará numa clara definição das responsabilidades. Em segundo lugar, a responsabilidade por área geográfica aumenta o incentivo para desenvolver o negócio local e para criar raízes pessoais. Em terceiro lugar, os custos de deslocação são relativamente mais baixos, já que os responsáveis das vendas viajam numa área geográfica limitada.

Estrutura de vendas baseada no produto

A importância de cada responsável pelas vendas conhecer muito bem os produtos que comercializa, bem como a existência de divisões por produto ou gestão por produto, levou a empresas a estruturarem a sua força de vendas, baseando-se na sua linha de produtos. A especialização por produto faz mais sentido em empresas onde os produtos são tecnicamente complexos, não relacionados ou muito numerosos.

A mera existência de vários produtos não é, só por si, motivo para uma estruturação da força de vendas por produto. Esta especialização poderá não ser a melhor solução, quando as diferentes linhas de produto são adquiridas pelos mesmos clientes.

Estrutura de vendas baseada no cliente

Algumas empresas especializam a sua força de venda, tendo em conta as diferentes linhas de produtos. A vantagem mais óbvia deste tipo de especialização, é o facto de cada elemento da força de vendas se tornar num profundo conhecedor das necessidades dos clientes. Uma força de vendas estruturada por cliente pode, algumas vezes, reduzir os seus custos totais. Uma grande desvantagem deste tipo de estrutura surge quando os vários tipos de clientes estão espalhados por todo o país, já que tal se traduz em viagens excessivas por parte da força de vendas.

Estrutura complexa de vendas

Quando uma empresa vende uma variedade de produtos a muitos clientes numa área geográfica bastante ampla, é necessário combinar vários tipos de estrutura. A força de vendas pode ser especializada por produto e área geográfica, por área geográfica e cliente, por produto e cliente ou por área geográfica, produto e cliente. Nesta situação, a mesma pessoa pode reportar a vários gestores na hierarquia,

Tamanho da força de vendas

Depois de a empresa clarificar a estratégia da força de vendas, está pronta para considerar o tamanho dessa força. Os responsáveis das vendas são um dos mais produtivos e onerosos ativos. Aumentando o seu número, levará ao crescimento das vendas e dos custos.

Compensação da força de vendas

No sentido de atrair um número desejado de responsáveis de vendas, as empresas devem desenvolver um plano de compensações atrativo. A empresa deve determinar as componentes da compensação. Uma quantia fixa é representada, por norma, por um salário. Uma quantia variável, normalmente, é traduzida em comissões, bónus e repartição de lucros. O pagamento de despesas é outra forma de compensação. Por último, existem as compensações por férias, doença, seguros, reforma, etc.,

Uma compensação fixa e variável dá origem aos seguintes planos de compensação da força de vendas: vencimento fixo, comissões fixas e uma combinação de vencimento e comissões. Vantagens e desvantagens existem em cada um dos planos.

Vencimento fixo

Com este plano de compensação, a força de vendas recebe um vencimento fixo, bem como o reembolso das despesas efetuadas. Este tipo de plano de compensação tem algumas vantagens. Em primeiro lugar, os gestores podem alterar objetivos e responsabilidades da força de vendas sem grandes objeções. Em segundo lugar, o vencimento fixo é mais fácil de explicar e menos oneroso para administrar. Por último, sendo definido que a força de vendas tenha um vencimento estável e regular, poderá melhorar os níveis de motivação.

A grande fraqueza do vencimento fixo reside no facto da força de vendas não ter um grande incentivo para vender mais e melhor. Num período de crescimento económico, este tipo de compensação poderá não incentivar a vender mais e, num período de recessão, a empresa tem que suportar os vencimentos fixos mesmo vendendo menos. Por último, num sistema de compensação deste tipo, é difícil atrair os melhores profissionais desta área.

Comissões de venda

Este sistema está diretamente relacionado com as vendas efetuadas. As vantagens são as seguintes; em primeiro lugar, fornece um incentivo para trabalhar na máxima capacidade e em segundo lugar, as empresas podem estabelecer taxas de comissões diferentes para produtos diferentes, influenciando desta forma a venda dos diversos produtos.

Vencimento fixo e comissões de venda

A grande maioria das empresas paga uma combinação de vencimento fixo e comissões, tentando obter vantagens de cada um e minimizando as desvantagens. Este sistema é favorável onde o volume de vendas depende muito da motivação da força de vendas e os gestores pretendem um controlo sobre as tarefas não comerciais da força de vendas.

Bónus

Algumas empresas pagam bónus como um complemento ou um substituto das comissões. Os bónus representam uma compensação não contratualizada no caso de esforço extra, mérito ou resultados. Bónus existem para compensar a realização de certas tarefas necessárias, não compensada por comissões, por exemplo, preparar relatórios atempadamente, transmitir ideias interessantes, etc. A maior questão que se coloca aos bónus, reside no julgamento subjetivo por parte dos gestores na sua definição, podendo levantar questões de equidade e justiça.

Outros custos

Para além do vencimento, comissões e bónus, os custos comerciais incluem os seguintes elementos: despesas de venda (viagens, alojamento, telefone, divertimento e despesas de escritório), benefícios diversos (seguros de doença, seguros de vida, plano de pensões), bem como custos como formação, etc.

GESTÃO DA FORÇA DE VENDAS

Depois da definição dos objetivos, estratégia, estrutura, tamanho e compensação da força de vendas, as empresas têm que recrutar e selecionar, treinar, dirigir, motivar e avaliar essa mesma força de vendas. Estas decisões têm por base um conjunto de políticas e procedimentos.

Recrutar e selecionar a força de vendas

A importância de uma seleção cuidadosa

A base essencial de uma força de vendas eficiente é uma seleção cuidadosa. Os níveis de desempenho de gestor de vendas mediano e de um gestor de vendas bom, são muito diferentes. Para além da diferença em termos de produtividade, existem custos consideráveis em contratar as pessoas erradas.

O que é ser um bom responsável comercial?

Ser um bom responsável comercial, implica ter um alto nível de energia, autoconfiança, ambicioso, bem como um estado de espírito que encare cada contrariedade, cada resistência, cada obstáculo, como um novo desafio. Por outro lado, um bom responsável de vendas deve criar empatia nos clientes e uma forte vontade de concretizar a venda.

Procedimentos de recrutamento

Depois dos gestores definirem o perfil do candidato e os critérios de seleção, devem passar ao recrutamento. O departamento de pessoal procura candidatos de várias formas, incluindo questionar possíveis nomes aos atuais representantes das vendas, usar agências de recrutamento, colocar um anúncio de emprego ou contactar alunos nas universidades.

Procedimentos de seleção dos candidatos

Os procedimentos de recrutamento, em caso de sucesso, irão atrair muitos candidatos, tendo a empresa que selecionar os melhores candidatos. O processo de seleção pode envolver uma entrevista informal, ou um conjunto diversificado de testes e entrevistas.

Formação e treino dos responsáveis comerciais selecionados

Algumas empresas enviam os responsáveis comerciais contratados de imediato para o terreno, logo após a sua contratação. O resultado de uma opção deste tipo poderá ser uma grande ineficiência nas vendas.

É uma verdade que programas de formação são normalmente onerosos. Estes programas envolvem formadores, materiais, espaço. Além disso, a empresa está a pagar a pessoas que não estão no campo a vender e, por isso, a perder oportunidades. Mesmo assim, tal formação é essencial.

Os programas de treino e formação têm os seguintes objetivos. Em primeiro lugar, os futuros comerciais têm que estar identificados com a empresa. Em segundo lugar, é crucial o conhecimento adequado dos produtos que vão vender. Em terceiro lugar, é necessário conhecer as caraterísticas dos clientes e dos concorrentes. Em quarto lugar, é necessário aprender como fazer uma apresentação da empresa e dos seus produtos perante diferentes tipos de clientes. Por último, devem conhecer os procedimentos a executar e as responsabilidades que lhes são atribuídas.

Gestão dos responsáveis comerciais

Uma boa gestão dos responsáveis comerciais permitirá uma maior motivação e melhores resultados nas vendas. Eis algumas formas de acompanhar e supervisionar estes responsáveis.

Desenvolver objetivos para clientes e normas de contacto telefónico

Muitas empresas classificam os clientes em A, B e C, refletindo o volume de vendas, potencial de lucro e de crescimento. Assim, definem o tipo de abordagem a ter em termos de contacto pessoal, bem como a frequência de contacto telefónico com cada classe de clientes.

Desenvolver objetivos de prospeção e normas de contacto telefónico

Algumas empresas definem o montante que as equipas de vendas podem gastar na pesquisa de novos clientes, bem como o tempo que devem despender na pesquisa de novas contas. A ideia de definir *standards*, justifica-se por uma série de razões. Se deixados sozinhos, os responsáveis comerciais gastarão grande parte do seu tempo com os clientes atuais. Estes responsáveis comerciais precisam de gerir o seu tempo de uma forma eficiente.

Motivação dos responsáveis comerciais

Alguns responsáveis comerciais farão sempre o seu melhor, sem necessidade de qualquer incentivo por parte dos gestores. Para eles, vender é o trabalho mais fascinante do mundo e, acima de tudo, são muito ambiciosos. Mas, a maioria dos responsáveis das vendas precisam de incentivos para trabalhar ao seu melhor nível. Isto é especialmente verdade pelas razões seguintes:

- A natureza do trabalho: a função de vendas trás algumas frustrações. Os vendedores trabalham sozinhos, as suas horas de trabalho são irregulares. Muitas vezes estão fora de casa. Não têm autoridade suficiente para fazer o que é preciso para ganhar um cliente.
- A natureza humana: a maioria das pessoas trabalha abaixo da sua capacidade na ausência de incentivos especiais, como sejam ganhos financeiros e reconhecimento social.
- Problemas sociais: os responsáveis das vendas estão por vezes, preocupados com problemas pessoais, como a doença ou a família, endividamento ou problemas matrimoniais.

Os gestores podem reforçar a moral e o desempenho da força de vendas, através da melhoria do ambiente organizacional e de diversos tipos de incentivos.

Ambiente organizacional

O ambiente organizacional reflete o sentimento dos responsáveis de vendas em relação às suas oportunidades, ao seu valor, às recompensas de um bom desempenho. Algumas empresas tratam os seus responsáveis de vendas como se fossem de menor importância. Nas empresas onde eles são muito bem estimados, o desempenho é muito maior.

Objetivos de vendas

Algumas empresas definem objetivos de vendas aos seus responsáveis, especificando o que devem vender por ano e por produto. A compensação será uma função do maior ou menor preenchimento desses objetivos.

Os objetivos de vendas são normalmente estabelecidos no orçamento anual. Existem várias formas de estabelecer estes objetivos. Em primeiro lugar, podem estabelecer-se objetivos mais altos dos que normalmente os responsáveis das vendas atingem, sendo, no entanto, atingíveis. Acredita-se que, com objetivos mais altos, haverá um esforço extra por parte dos vendedores. Em segundo lugar, podem estabelecer-se objetivos perfeitamente atingíveis por parte dos responsáveis das vendas. Acredita-se que, com objetivos razoáveis, serão atingidos e os comerciais ganham confiança. Em terceiro lugar, os objetivos não são estabelecidos da mesma forma para os responsáveis de vendas, já que estes reagem de formas diferentes. Acredita-se que com objetivos diferentes, os responsáveis das vendas ficam mais motivados.

Incentivos positivos

As empresas usam diferentes tipos de incentivos para motivar a sua força de vendas. Reuniões periódicas de vendas são uma forma de discutir assuntos importantes e identificar problemas potenciais. Adicionalmente, os prémios por objetivos dão aos vendedores uma motivação extra que permitirá um acréscimo de vendas. Poderão também ser distribuídos prémios por distribuição de lucros e outros tipos de compensação.

Avaliação dos responsáveis comerciais

As empresas acompanham os seus representantes das vendas, de forma a acompanhar o seu desempenho.

Fontes de informação

As empresas recolhem informações dos seus comerciais de várias formas. A forma mais importante para recolher tal informação, é através dos relatórios de venda. Informação adicional vem da observação direta, da satisfação ou da insatisfação dos clientes, bem como informação dos outros representantes das vendas.

Por norma, os gestores de vendas são informados do desempenho dos seus comerciais através de vários tipos de relatórios em relação aos objetivos atingidos e à satisfação dos clientes. Por outro lado, há relatórios das despesas efetuadas pelos vendedores que poderão ser reembolsadas. Há também informação sobre clientes novos e clientes perdidos.

Estes diferentes tipos de relatórios fornecem informação da qual os gestores de vendas poderão retirar diferentes tipos de indicadores. Os indicadores mais relevantes são os seguintes: (1) Número médio de contactos telefónicos a clientes por vendedor, (2) Tempo médio de cada chamada telefónica por vendedor, (3) Rendimento médio por contacto efetuado, (4) Custo médio por chamada efetuada, (5) Número de encomendas por 100 contactos telefónicos, (6) Número de clientes novos por período, (7) Número de clientes perdidos por período, (8) Custo comercial como percentagem das vendas.

Em suma, todo este conjunto de indicadores pretende avaliar o desempenho dos diversos vendedores, nos mais diversos aspetos.

Avaliação formal do desempenho

Todos os relatórios de avaliação da força de vendas, juntamente com a observação direta, fornecem à empresa informação para uma avaliação da sua força de vendas. A avaliação formal traz algumas vantagens. Em primeiro lugar, a gestão deve comunicar critérios objetivos de avaliação do desempenho da força de vendas. Em segundo lugar, os gestores são motivados para a avaliação dos seus comerciais. Em terceiro lugar, os comerciais terão que justificar o seu desempenho em relação aos objetivos estabelecidos.

Adicionalmente, podem utilizar-se outras formas de avaliação do desempenho como as que se apresentam de seguida:

Comparação entre vendedores

Neste tipo de avaliação, comparam-se as vendas conseguidas pelos diversos vendedores. Contudo, esta análise só faz sentido no caso de não haver diferenças no potencial dos mercados envolvidos, no nível de concorrência e no esforço de marketing de cada área geográfica. Contudo, mais do que comparar as vendas, deve-se analisar a contribuição de cada vendedor para o lucro, fazendo uma análise das despesas e do tipo de produtos vendidos.

Comparação entre o passado e o presente

Uma forma de avaliar um vendedor é comparar as vendas conseguidas no presente e as que o mesmo vendedor conseguiu no passado, o que poderá dar uma indicação do progresso do vendedor. Adicionalmente, poder-se-á elaborar uma demonstração de resultados por vendedor.

Avaliação qualitativa dos vendedores

Este tipo de avaliação pode incluir o conhecimento dos vendedores sobre a empresa, produtos, clientes, concorrentes, mercado e responsabilidades. Os gestores poderão avaliar também as caraterísticas pessoais, tais como, a maneira de ser, a aparência, o discurso e o temperamento. Poderá ser avaliada a motivação de cada vendedor. Ao mesmo tempo, os vendedores deverão conhecer a forma como estão a ser avaliados.

SUMÁRIO

Na maioria das empresas os responsáveis comerciais têm um papel crucial na implementação do marketing mix, sendo muito eficazes no alcançar dos objetivos. Ao mesmo tempo, eles são bastante onerosos, pelo que os gestores devem ser muito cautelosos na definição e gestão dos recursos comerciais.

A definição e gestão dos recursos comerciais assenta na definição dos objetivos, estratégia, estrutura, tamanho e plano de compensações. Os objetivos da força de vendas incluem a prospeção, comunicação, venda e serviço pós venda e recolha de informações. A estratégia da força de vendas assenta na escolha da abordagem mais eficaz para vender (venda individual, venda em equipa, etc.). A estrutura consiste na forma de organizar a força de vendas por zona geográfica, por produto, por cliente, ou uma combinação mista. O tamanho da força de vendas implica definir o número total de horas para vender. O plano de compensação da força de vendas implica definir o nível e forma de pagamento, seja, salário, comissões, bónus, despesas e benefícios diversos.

Gerir a força de vendas envolve o recrutamento e a seleção, formação, direção, motivação e avaliação. Os comerciais devem ser criteriosamente escolhidos para evitar os custos elevados que resultam de avaliar as pessoas erradas. Os programas de formação devem familiarizar os novos comerciais com a história da empresa, com os produtos e políticas, com as caraterísticas do mercado, com os concorrentes e com a arte de vender. Os responsáveis comerciais necessitam de supervisão e um encorajamento contínuo, já que têm que tomar muitas decisões e estão sujeitos a muitas frustrações. Periodicamente, devem ser avaliados para que possam melhorar o seu desempenho no futuro.

QUESTÕES

1. O capítulo aponta para certas caraterísticas que devem ser necessárias num responsável de vendas. Quais as caraterísticas que devem ser adequadas a gestor comercial responsável por uma região? E quais as caraterísticas que deve ter um responsável comercial responsável por um país?
2. Selecione uma situação de negociação entre um responsável de marketing e uma outra parte externa à empresa. Discuta o tipo de abordagem que deve ser utilizada para que, com sucesso, ambas as partes cheguem a um acordo.
3. Descreva as diversas situações de vendas em que o salário fixo é a forma de remuneração mais adequada.
4. Acha que os responsáveis comerciais devem participar no estabelecimento dos objetivos de vendas nas áreas geográficas de que são responsáveis? Quais são as vantagens e desvantagens da sua participação nessa definição?

12
Gestão da Distribuição

Atualmente, a maioria dos produtores não vende os seus bens diretamente aos consumidores finais. Entre os produtores e os consumidores, existe um conjunto de intermediários que desempenham uma diversidade de funções. Alguns intermediários, como os grossistas e retalhistas, compram e revendem as mercadorias, são chamados intermediários comerciais. Outros, como agentes comerciais, *brokers*, representantes dos produtores, negoceiam e fazem negócio com os clientes, são chamados agentes comerciais. Outros, tais como, companhias de transporte, armazéns independentes, bancos e agentes de advertising, participam no processo de distribuição, não compram nem revendem as mercadorias, nem fzem negócio com os clientes, são os distribuidores logísticos.

A decisão sobre os canais de distribuição a utilizar, é uma das decisões mais críticas que os gestores de topo enfrentam. A escolha de um determinado canal de distribuição afeta todas as decisões de marketing. Este tipo de decisão envolve acordos de médio e longo prazo com diversas empresas. Um sistema de distribuição é um recurso externo chave. Leva anos a conseguir e não pode ser alterado facilmente. É tão importante como recursos internos, como a produção, a pesquisa, a engenharia. A escolha de um canal de distribuição representa um compromisso com um conjunto de políticas e práticas, bem como um conjunto de relações presentes e futuras.

Neste capítulo, analisaremos qual a natureza dos canais de distribuição e quais são as tendêncas futuras. Adicionalmente, analisaremos as questões essenciais com que as empresas se deparam no desenho, gestão, avaliação e eventual mudança dos seus canais de distribuição. Finalmente, iremos debruçar-nos sobre questões ligadas aos canais de distribuição na perspetiva dos retalhistas, grossistas e agências de distribuição.

A NATUREZA DOS CANAIS DE DISTRIBUIÇÃO

Muitos produtores trabalham com intermediários de marketing para colocar os seus produtos no mercado. Os intermediários de marketing constituem um canal de marketing, também chamado canal de distribuição. Ou seja, um canal de distribuição é constituido por um conjunto de instituições que desempenham todas as funções necessárias para levar um bem do produtor ao consumidor.

Porque é que são usados os canais de distribuição?

Porque é que um produtor está disposto a delegar algumas das funções comerciais a um intermediário? Esta delegação de competências significa perder controlo sobre a forma como se vende e como se vende. É como se a empresa colocasse parte do seu destino nas mãos de um intermediário.

Sabendo que os produtores podiam vender diretamente ao consumidor final, eles devem pensar que têm algumas vantagens em usar intermediários. Estas vantagens são muito diversas. Muitos produtores não têm recursos financeiros para desenvolver diretamente atividades comerciais e de marketing.

Os produtores que consigam estabelecer os seus próprios canais de distribuição podem frequentemente obter um retorno superior, aumentar o seu investimento no seu negócio principal. O uso de intermediários significa uma eficiência superior de tornar acessíveis e disponíveis os bens nos mercados pretendidos. Intermediação comercial e de marketing, através de contactos, experência, especialização e economia de escala, oferece mais do que a empresa produtora poderia conseguir por si própria. Em suma, poder-se-á afirmar que o papel dos intermediários do marketing é conseguir juntar os segmentos da oferta e da procura.

Funções dos canais de marketing

Um canal de marketing desenvolve o trabalho de levar os bens dos produtores para os consumidores. Os membros de um canal de marketing desenvolvem um número importante de funções chave:

- Pesquisa: juntar a informação necessária ao planeamento e à facilidade de trocas comerciais.
- Promoção: o desenvolvimento e a dessiminação de comunicações persuasivas acerca da oferta de bens.
- Contacto: pesquisa e comunicação com compradores potenciais.
- Aproximação das partes: conseguir respostas para as necessidades dos clientes.
- Negociação: tentativa de encontrar a melhor solução que consiga concretizar o negócio.
- Distribuição física: transporte e armazenagem das mercadorias e produtos e acabados.
- Financiamento: conseguir os fundos necessários para os canais de distribuição funcionarem.
- Riscos: assumir os riscos para que os canais funcionem como esperado.

A questão não é se estas funções têm que ser desempenhadas mas, antes de mais, quem é que as deve executar. Estas funções usam recursos escassos, podem ser executadas melhor através da especialização e podem ser executadas por membros diferentes dos canais de distribuição. O saber quem é que as poderá melhor executar, é uma questão de eficiência e eficácia.

Número de níveis no canal de distribuição

Os canais de distribuição podem ser caraterizados por um conjunto de níveis de canais. Cada intermediário que tenha uma participação na colocação do produto no comprador final, constitui um nível no canal de distribuição. Na medida em que o produtor e o consumidor final, ambos têm um papel, também são parte de qualquer canal. O número de níveis de intermediação, designa-se a amplitude do canal.

Um canal de nível zero, também chamado canal de marketing direto, traduz-se num produtor a vender diretamente ao consumidor. As formas mais usuais de venda direta, são porta a porta, encomenda por mail e lojas pertencentes aos próprios fabricantes.

Um canal de nível um, contém um intermediário comercial. Em mercados de consumo, este intermediário é, tipicamente, o retalhista. Em mercados industriais, poderá ser um agente comercial.

Um canal de nível dois, contém dois intermediários. Em mercados de consumo, estes intermediários são, tipicamente, o retalhista e o grossista. Em mercados industriais, poderá ser um agente industrial distribuidor.

Um canal de nível três, contém três intermediários. Em mercados de consumo, entre o grossista e o retalhista, existe ainda um intermediário. Em mercados industriais, este nível é menos usual.

Canais de distribuição com mais níveis são pouco frequentes. Do ponto de vista do produtor, o problema do controlo aumenta à medida que aumenta o número de níveis de canais, sabendo que o produtor apenas se relaciona com o nível adjacente.

Tipos de fluxos de canais

As instituições que constituem um canal de distribuição, ligam-se através de vários tipos de fluxos. Os fluxos mais imporatntes são os fluxos físicos, os fluxos de propriedade, os fluxos dos pagamentos, os fluxos de informação e os fluxos de promoção.

Os fluxos físicos descrevem o movimento dos produtos físicos, desde as matérias primas ao cliente final. Os fluxos de propriedade descrevem a passagem da posse de uma instituição para outra. Os fluxos de pagamentos consistem no pagamento por parte dos clientes aos intermediários e estes a pagar aos produtores que, por sua vez, pagarão aos fornecedores de matérias primas. Os pagamentos também serão efetuados aos transportadores e a armazéns independentes.

Os fluxos de informação descrevem os fluxos de influência (advertising, venda pessoal, promoção de vendas, publicidade), de uma parte para outra parte no sistema. Os fornecedores promovem a sua marca e os seus produtos ao produtor e também os clientes de modo a influenciarem os produtores a comprarem os seus produtos. Os produtores tentarão influenciar os intermediários e os consumidores finais.

Canais no setor dos serviços

O conceito de canais de marketing não se limita à distribuição física dos produtos. Os prestadores de serviços e ideias, também têm os seus problemas para conseguir que o seu output fique disponível e acessível aos clientes potenciais. Os prestadores de serviços devem estabelecer-se em localizações que possibilitem servir populações bastante distribuidas geograficamente.

A título de exemplo, os hospitais devem estar localizados em áreas geográficas para servir as populações com um serviço clínico completo, tal como as escolas devem ser construidas perto dos estudantes que delas necessitam. Adicionalmente, existem canais de distribuição de serviços de natureza pessoal, de uma forma direta, como sejam, os festivais de música, de cinema, serviço ao domícilio, etc.

A DINÂMICA DOS CANAIS DE DISTRIBUIÇÃO

Os canais de distribuição não têm uma natureza estática. Estão a surgir novas instituições de grossistas e retalhistas e todo um conjunto de novos sistemas de canais estão a evoluir. Veja-se o crescimento recente dos sistemas de marketing verticais, horizontais e muiticanais, bem como estes sistemas cooperam, conflitualizam e competem.

Crescimento dos sistemas de marketing verticais

Um dos mais significaticos e recentes desenvolvimentos dos canais de distribuição, são os sistemas de marketing vertical, que emergiram dos canais de distribuição convencionais. Um canal de distribuição convencional, consiste de um produtor independente, de grossistas e de retalhistas. Cada um constitui uma entidade de negócios separada, que maximiza os seus lucros. Nenhum dos membros do canal tem o poder de controlar os outros membros do canal de distribuição.

Um sistema de marketing vertical, pelo contrário, consiste num produtor, grossista e retalhista, atuando como se um sistema unificado se tratasse. Um dos membros do canal é detentor dos outros, ou tem o seu franchise, existe poder de controlo de modo a existir uma cooperação global de todos os membros do canal. Este sistema vertical pode ser dominado pelo produtor, ou pelo grossista ou pelo retalhista, ou seja, por qualquer um deles. Tem a vantagem de eliminar o conflito entre eles, o que não aconteceria, caso fossem independentes e procurassem individualmente o seu própio lucro. Por fim, conseguem economias de escala, poder de negociação e eliminam duplicação de serviços.

Sistema de marketing vertical empresarial

Um sistema de marketing vertical empresarial possibilita integrar as fases sucessivas de produção e de distribuição, com o controlo de um único grupo empresarial. Exemplificando, as cadeias de distribuição Continente e Modelo, vendem aos consumidores muitos produtos fabricados em fábricas do grupo Sonae.

Sistema de marketing vertical administrativo

Um sistema de marketing vertical administrativo coordena fases sucessivas de produção e distribuição, não através de um sistema de propriedade, mas através do tamanho e poder de uma das partes. Fabricantes de uma marca dominante conseguirão uma cooperação e suporte dos revendedores.

Sistema de marketing vertical contratual

Um sistema de marketing vertical contratual consiste de empresas independentes a níveis diferentes da produção e distribuição, integrando os seus programas num base contratual, tendo em vista conseguir mais economias e vendas do que trabalhassem de uma forma independente. Este tipo de verticalidade contratual pode assumir várias formas:

- Organizações voluntárias de produtores, que negoceiam com retalhistas independentes para colaborarem a fazer face a uma concorrência grande das grandes cadeias de distribuição.

- Cooperativas de retalhistas, em que estes tomam a iniciativa de formar uma organização com caraterísticas de grossista, podendo incluir, eventualmente a própria produção. Os retalhistas concentram as suas trocas comerciais através desta organização e definem a estratégia de marketing em conjunto. Oss lucros são distribuidos aos membros na proporção das suas compras. Os restalhistas não membros podem também realizar negócios através da cooperativa mas não recebem lucros.
- Organizações de *franchise*, em que um franchisador, estabelece várias fases no processo de produção e distribuição. O *franchise* tem surgido ao longo do tempo como um processo em sucessivo crescimento, que pode assumir formas diferentes:
- Sistema de *franchise* retalhista baseado no produtor, como acontece na indústria automóvel em que os franchisados, baseados em empresas independentes, concordam em seguir um conjunto de regras nas vendas e nos serviços prestados.
- Sistema de *franchise* grossista baseado no produtor, como acontece na indústria das bebidas leves, como exemplo na Coca-Cola, em que são licensiados grossistas que, por sua vez, negoceiam com os retalhistas das suas áreas geográficas, em mercados locais.
- Sistema de franchise retalhista baseado numa empresa de serviços, onde este tipo de empresa organiza todo um sistema de levar o serviço de uma forma eficiente ao consumidor. Um exemplo é o negócio do rent-a-car, como empresas como a Avis, a Hertz, entre outras.

Crescimento dos sistemas de marketing horizontais

Uma outra forma de canal de distribuição consiste em duas ou mais empresas juntarem-se, tendo em vista explorar uma oportunidade de marketing emergente. Cada empresa individualmente, não tem o capital, conhecimento, a produção, os recursos para se aventurar por si só. Ou então está receosa do risco. Ou então, acredita que obterá sinergias ao se juntar a outra empresa. As empresas trabalharão umas com as outras, numa base temporária ou permanente, ou criam uma nova empresa.

Crescimento dos sistemas de marketing multicanais

Há empresas que optam por canais de distribuição multicanal, tendo em vista chegar ao mesmo ou a mercados diferentes.

Cooperação, conflito e competição entre canais de distribuição

Graus diferentes de cooperação, conflito e competição, podem ser encontrados dentro e entre canais de distribuição.

A cooperação entre canais é normalmente o tema dominante entre os membros de um canal de distribuição vertical. O canal representa o coabitar de empresas distintas que cooperam para conseguir vantagens mútuas. Produtores, grossistas e retalhistas complementam as necessidades de cada um e a sua cooperação normalmente leva a maiores lucros, do que cada membro conseguiria individualmente. Através da cooperação, eles conseguem, de uma forma mais eficiente, satisfazer um mercado objetivo.

O conflito entre canais, por norma, surge dentro do próprio canal de distribuição. O conflito de um canal horizontal consiste no conflito existente entre membros ao mesmo nível do canal. O conflito de canal vertical é ainda mais comum e refere-se a conflitos de interesse entre niveis diferentes do mesmo canal de distribuição.

A competição entre canais é um aspeto das relações dentro de um canal de distribuição e descreve a competição normal entre empresas e sistemas ao servir os mesmos mercados objetivo. Competição num canal horizontal ocorre entre concorrentes ao mesmo nível do canal, procurando vender no mesmo mercado.

DECISÕES DE CONFIGURAÇÃO DE CANAIS

Importa agora analisar alguns problemas que os produtores enfrentam na configuração dos canais de distribuição. Ao definir uma estratégia de distribuição, os produtores devem compreender a diferença entre o ideal e o que está disponível. Um empresa nova, por norma, começa com operações centradas num mercado local ou regional. Na medida em que, inicialmente, o seu capital é limitado, começa com intermediários existentes localmente.

Se a empresa tiver sucesso, pode expandir-se para novos mercados. O produtor tenderá a recorrer aos intermediários existentes, podendo significar que poderá usar diferente canais de distribuição em áreas distintas. Em mercados mais pequenos, a empresa nova venderá diretamente a retalhistas. Em mercados maiores, a empresa utilizará distribuidores. Em áreas rurais, poderá trabalhar com lojas generalistas que vendem todo o tipo de produtos. Em áreas urbanas, poderá utilizar distribuidores mais especializados. Caso se justifique, a empresa poderá caminhar para a utilização do *franchise*.

Em suma, a configuração do canal de distribuição evolui como resposta a oportunidades e condições locais. A configuração de um sistema se canais de distribuição, pressupõe a definição dos objetivos e dificuldades, identificar as melhores alternativas disponíveis e proceder à avaliação das mesmas.

Estabelecimento dos objetivos e dificuldades

O planeamento eficiente de um canal de distribuição começa com a definição dos mercados e dos objetivos a atingir. Os objetivos incluem o nível desejado de serviço ao cliente, as funções que os intermediários devem desempenhar, etc. Cada produtor desenvolve os objetivos em termos de distribuição, num contexto de limitações por parte dos clientes, produtos, intermediários, concorrentes, políticas da empresa, bem como o meio envolvente.

Caraterísticas dos clientes

A configuração dos canais de distribuição é fortemente influenciada pelas caraterísticas dos clientes. Para alcançar uma população variada de potenciais consumidores, são necessários canais com alguma extenção, que abranjam uma vasta área geográfica. Se os clientes compram frequentemente pequenas quantidades, canais longos não são necessários, devido aos custos elevados para fazer face a pedidos pequenos e frequentes.

Caraterísticas dos produtos

Produtos perecíveis requerem uma comercialização direta, tendo em conta as consequências de uma demora na entrega. Produtos de natureza standard, tal como, materiais de construção, requerem uma distribuição que minimize a distância e o número de entregas, no movimento entre o produtor e o consumidor. Produtos não standard, de natureza tecnológica, implicam uma relação direta com o cliente através da sua equipa comercial, tendo em a necessidade de um conhecimento específico do produto. Produtos que requiram instalação e manutenção, são normalmente vendidos e mantidos pelo produtor. Produtos de valor elevado são frequentemente vendidos diretamente pelo produto através da sua força de vendas.

Caraterísticas dos intermediários

A configuração do canal de distribuição reflete as forças e fraquezas dos diferentes intermediários a desempenhar as suas tarefas. Por exemplo, os comerciais dos produtores são capazes de contactar os clientes a um custo baixo por cliente, porque o custo total dos mesmos é repartido por vários clientes. Em geral, os intermediários comerciais diferem na sua atitude na promoção, negociação, armazenagem, contacto e crédito.

Caraterísticas da concorrência

A configuração do canal de distribuição é influenciada pelos canais utilizados pelos concorrentes. Em algumas industrias, os produtores podem querer competir nas mesmas, ou perto das cadeias de distribuição usadas pelos concorrentes. Noutras industrias, os produtores poderão querer evitar os canais de distribuição usados pelos concorrentes.

Caraterísticas do produtor

As caraterísticas do produtor têm um importante papel na seleção do canal de distribuição. O tamanho do produtor determina o tamanho dos mercados e a sua capacidade para convencer certos canais a distribuirem os seus produtos. Os seus recursos financeiros influenciarão as funções que desempenhará e quais as que terá que delegar a intermediários.

O mix de produtos influenciará o produtor na definição de um padrão de distribuição. Quanto maior a variedade de produtos, maior será a sua capacidade para se relacionar diretamente com os clientes. Quanto maior a diversidade do portfolio de produtos, maior a capacidade para trabalhar com intermediários selecionados e exclusivos. Quanto mais consistente for o portfolio de produtos, maior será a homogeneidade dos canais de distribuição a utilizar. A estratégia de marketing do produtor influenciará a configuração dos canais de distribuição.

Caraterísticas do meio envolvente

Quando a economia está em depressão, os produtores querem colocar os seus produtos no mercado da forma mais económica possível. Isto significa usar canais de distribuição mais curtos, não prestando os serviços não essenciais. A legislação e as restrições legais, também afetam a configuração do canal de distribuição

Identificação das melhores alternativas de canais de distribuição

Um canal de distribuição pode ser caraterizado pelos seguintes elementos: o tipo de intermediário do negócio, o número de intermediários, bem como os termos e as responsabilidades mutuas de cada interveniente no canal de distribuição.

Tipos de intermediários

A empresa deve identificar o tipo de intermediários disponíveis que poderão colaborar na distribuição dos produtos. Contudo, em certas circunstâncias, as empresas têm que optar por certos canais diferentes dos preferidos, por uma questão económica.

Número de intermediários

As empresas têm que decidir sobre o número de intermediários, em cada nível do canal. As estratégias possíveis são as seguintes:

Distribuição intensiva

Os industriais de produtos de conveniência e matérias primas comuns, normalmente, procuram distribuição intensiva, ou seja, colocando os seus produtos tanto quanto possível, em vários pontos de distribuição.

Distribuição exclusiva

Algumas empresas, de uma forma consciente, limitam o número de distribuidores para colocar os seus produtos. A forma extrema deste tipo de estratégia, é a distribuição exclusiva, onde um número muito limitado de distribuidores se encarregam em colocar os produtos no mercado. A distribuição exclusiva tende a melhorar a imagem de marca da empresa.

Distribuição seletiva

A distribuição seletiva enquadra-se entre a distribuição intensiva e a distribuição exclusiva. Este tipo de distribuição permite conseguir uma boa cobertura do mercado, com mais controlo e custos mais baixos que a distribuição intensiva.

Termos responsabilidades dos membros do canal de distribuição

O produtor deve determinar as condições e responsabilidades dos mebros que participam no canal de distribuição. Os elementos principais são a política de preços, as condições de venda, os direitos territoriais do distribuidor e os serviços específicos que devem ser praticados por cada parte.

A política de preços implica que o produtor estabeleça uma lista de preços e uma política de descontos. As condições de venda referem-se às condições de pagamento e às garantias a conceder pelo produtor. Poderão ser estabelecidos descontos de pronto pagamento. Os direitos territoriais dos distribuidores dependem dos acordos feitos com os produtores na sua área geográfica. Os serviços de responsabilidade de cada parte devem ficar muito bem identificados.

Avaliação das melhores alternativas de canais de distribuição

Após a identificação das várias alternativas possíveis em termos de canais de distribuição, o produtor deve ter em conta diversos critérios no sentido de identificar aquele que melhor o ajudará a atingir os seus objetivos de longo prazo. Cada alternativa de distribuição deve ser avaliada segundo os critérios de economia, controlo e adaptabilidade. Em termos económicos, cada alternativa de canal irá produzir um nível diferente de vendas e custos. Em termos de controlo, a forma como o produtor acompanha o processo de vendas e distribuição é muito diferente de canal para canal. Em termos de adaptabilidade e flexibilidade para alterações, existem também diferenças substanciais entre os diferentes canais de distribuição.

DECISÕES SOBRE A GESTÃO DE CANAIS DE DISTRIBUIÇÃO

Após a escolha de um canal de distribuição, coloca-se o desafio de selecionar, motivar e avaliar os intermediários que fazem parte do canal de distribuição.

Seleção dos intermediários

Os produtores têm habilidades diferentes para atrair intermediários qualificados para o canal selecionado. Existem produtores que têm uma maior facilidade do que outros para avaliar e contratar intermediários. Os intermediários devem ser avaliados pelo número de anos no negócio, pela sua situção financeira e pela sua reputação.

Motivação dos intermediários

Os intermediários devem ser continuamente motivados para fazerem o melhor trabalho possível. Essa motivação pode acontecer através de uma supervisão atenta e um encorajamento por parte do produtor.

Avaliação dos intermediários

O produtor deve, periódicamente, avaliar o desempenho dos intermediários, tendo em conta o *standard* conhecido, nomeadamente, o tempo de entrega, os serviços prestados, etc.

DECISÕES SOBRE ALTERAÇÕES DE CANAIS DE DISTRIBUIÇÃO

O produtor deve não só configurar o canal de distribuição, mas ajustá-lo a novas condições de mercado. Podem ser distinguidos diversos níveis de alterações, que podem implicar acrescentar ou retirar um novo membro do canal de distribuição, um novo canal de distribuição, ou desenvolver novas formas de vender os produtos nos diferentes mercados.

A decisão mais difícil envolve rever toda a estratégia de distribuição. Por exemplo, um fabricante de automóveis poderá considerar substituir os concessionários independentes por distribuição própria. Um fabricante de bebidas poderá considerar substituir franchisados locais por venda direta.

SUMÁRIO

As decisões sobre canais de distribuição estão entre as mais complexas e desafiantes para uma empresa. Cada canal significa um nível diferente de vendas e custos. Depois do canal de distribuição escolhido, a empresa deve aderir a ele por um período relevante. O canal escolhido afetará e será afetado de um forma significativa por os outros elementos do *marketing mix*.

Todas as empresas devem identificar as diferentes alternativas para chegar oa mercado. Pode ir da venda direta até a utilização de diversos intermediários. Os canais de distribuição são caraterizados por diversas alterações. Pode caminhar-se no sentido horizontal, vertical ou usando canais de distribuição múltiplos.

A configuração de canais exige o estabelecimento de objetivos e restrições, identicar as melhores alternativas (tipo e número de intermediários), bem como termos e responsabilidades. Cada canal de distribuição deve ser avaliado de acordo com critérios económicos, de controlo e de adaptabilidade.

A gestão de uma canal passa por selecionar intermediários específicos, bem como a sua motivação por um custo efetivo competitivo. Cada canal individualmente deve ser avaliado tendo em conta os resultados conseguidos em termos de vendas e de uma comparação com outros canais de distribuição.

Alterações aos canais de distribuição deve acontecer periódicamente, devido às alterações constantes do ambiente de marketing. A empresa poderá considerar introduzir ou retirar novos intermediários individualmente, ou mesmo, proceder a uma reconfiguração total dos canais de distribuição utitizados.

QUESTÕES

1. *"Os intermediários são uns parasitas"*. Esta frase tem sido ouvida ao longo dos tempos. Acha que esta ideia se aplica num sistema económico competitivo? Justifique.
2. Verifica-se, frequentemente, um conflito entre industriais e retalhistas. O que é que cada parte quer realmente da outra e porque é que, normalmente, esta relação conduz ao conflito?
3. Os diversos membros dos canais de distribuição desempenham um conjunto de funções chave. Analise detalhadamente essas funções.
4. Os canais de distribuição podem ser caraterizados por um conjunto de níveis. O que entende por canal de distribuição? Enumere os diferentes níveis de canais de distribuição.

13
Gestão de Advertising

Advertising é um dos instrumentos mais persuasivos em termos de comunicação para chegar aos diferentes publicos, ao consumidor final. Trata-se de uma forma não personalizada de comunicar, através do uso de diferentes tipos de comunicão. O investimento em advertising é normalmente direcionado para jornais e revistas, radio e televisão, posters colocados em *outdoors,* correio eletrónico, catálogos, carros, transportes públicos, etc.

O advertising poderá ter objetivos muito diferentes. Poderá ser usado para a construir a imagem de uma organização (advertising institucional), poderá servir para lançar uma imagem de marca (advertising de marca), poderá dar a conhecer um serviço ou um acontecimento (advertising classificado), poderá anunciar uma venda especial (advertising de venda), ou dar a conhecer uma causa particular (advertising de causas).

Embora o advertising seja primeiramente uma ferramenta de marketing privada, também é usado em países de vertente socialista. O advertising é uma forma adequada para transmitir mensagens, ou para construir uma imagem de marca. Em geral, o advertising é gerido por agências especializadas nesta ferramenta de marketing.

Os gestores de marketing devem responder a algumas questões no desenvolvimento de um programa de advertising. Quais são os objetivos de advertising? Quanto é que pode ser gasto? Qual é a mensagem que deve ser divulgada? Que meio de comunicação deve ser utilizado? Como é que os resultados podem ser avaliados?

DEFINIÇÃO DOS OBJETIVOS DE ADVERTISING

O primeiro passo para desenvolver um programa de advertising é estabelecer os objetivos de advertising. Estes objetivos estão relacionados com os mercados alvo a atingir, com o posicionamento que se pretende nesses mercados e com o marketing mix. Tendo por base a estratégia de marketing e o posicionamento, define-se o papel do advertising no programa global de marketing.

Os objetivos possíveis de advertising são os seguintes: informar, persuadir ou relembrar. O advertising informativo pretende criar uma procura inicial do produto através da informação. Por exemplo, a indústria de yogurts, inicialmente, pretende informar os benefícios nutricionais dos yogurts aos consumidores.

O advertising persuasivo é importante na fase de crescimento do produto, onde o objetivo é atrair uma procura seletiva para uma determinada marca. Grande parte do advertising existente cai nesta categoria. Algum advertising persuasivo acabou por se deslocar para o advertising comparativo, que procura estabelecer a superioridade de uma marca, quando comparada com outras marcas. Este tipo de advertising é normalmente usado quando se trata de automóveis, pneus, produtos de higiene, etc.

O advertising para relembrar o consumidor é muito importante na fase de maturidade do produto, para que os compradores não se esqueçam do produto. O advertising na Coca Cola não tem o propósito de persuadir, mas relembrar o consumidor para o produto que já estão a consumir. Uma derivação desta categoria é o advertising de reforço, que tem como objetivo reforçar as boas qualidades do produto que adquiriram. Por exemplo, o advertising de uma marca de automóveis pretende realçar aos clientes satisfeitos sobre as caraterísticas da marca do automóvel que adquiriram.

DECISÃO SOBRE O ORÇAMENTO DE ADVERTISING

Depois da definição dos objetivos, as empresas estão em condições para estabelecer o orçamento de advertising para cada cada produto. As empresas pretenderão gastar o necessário para atingir o objetivo de vendas.

Existem modelos diferentes para a elaboração dos orçamentos de advertising. Por exemplo, o modelo de adaptação e controlo assume que a resposta das vendas ao advertising não é estável, alterando frequentemente. Se fosse estável, as empresas fariam um grande esforço para medi-la, mantendo-se os benefícios no futuro. Contudo, há diversas razões para acreditar que os parâmetros não são estáveis, devido a alguma instabilidade da concorrência, da configuração do produto e do clima económico.

Existem outros modelos de construção de orçamentos de advertising com maior ênfase na concorrência. Em muitas situações, as empresas conhecem os orçamentos da concorrência e tentam manter alguma paridade competitiva.

DECISÃO SOBRE A MENSAGEM DE ADVERTISING

Muitos estudos sobre o efeito nas vendas dos gastos do advertising, revelam a inexistência de creatividade na mensagem. Uma estratégia de advertising com sucesso, exige criatividade. As diferenças numa estratégia de advertising creativa, são muito importantes para ter sucesso. Os gestores de advertising seguem os seguintes passos para desenvolver uma estratégia criativa: definição da mensagem, seleção e avaliação da mensagem e execução da mensagem.

Definição da mensagem

Muitas coisas podem ser ditas acerca de um produto. Nenhuma mensagem de advertising deve dizer mais do que umas poucas coisas e deve transmitir uma mensagem muito clara. Os consumidores são a fonte mais importante de boas ideias. Os seus sentimentos acerca das forças e fraquezas das marcas existentes, fornecem ideias interessantes para uma boa mensagem.

Seleção e avaliação da mensagem

O gestor de advertising deve avaliar as messagens possíveis. A mensagem deve dizer algo que seja desejável e interessante sobre o produto. A mensagem deve também dizer algo que seja exclusivo e distintivo que não se aplique a outras marcas dessa categoria de produto. Finalmente, a mensagem deve ser credível e provável.

Execução da mensagem

O impacto da mensagem depende não só do que é dito, mas também da forma como é dito. A execução da mensagem pode ser decisica para aqueles produtos em que há vários similares, como detergentes, cigarros, café, cerveja, etc. A mensagem deve ser bem preparada de modo que prenda o interesse e a curiosidade da audiência. A questão da execução da mensagem também é importante com produtos industriais bastante indiferenciados, como por exemplo, certas categorias de produtos farmacêuticos, como os antibióticos.

DECISÃO SOBRE O MEIO DE COMUNICAÇÃO DO ADVERTISING

A decisão sobre os meios de comunicação a utilizar na execução da mensagem de advertising é uma decisão importante. É necessário definir o impacto, frequência e alcance desejado, é necessário decidir sobre qual meio de comunicação a utilizar, é necessário o *timing* da campanha de advertising.

Decisão sobre o alcance, frequência e impacto desejado

A seleção do meio de comunicação é muito importante numa perspetiva de escolher o melhor meio, tendo em conta a relação entre o benefício e o custo, de modo a fazer o número desejável de apresentações para uma audiência específica. O alcance consiste no número de pessoas ou famílias diferentes expostas a um certo meio de comunicação, pelo menos uma vez, durante um certo período de tempo. A frequência é o número de vezes, durante um certo período de tempo que, em média, uma pessoa ou família, estará exposta a uma determinada mensagem. O impacto é a medida qualitativa para analisar o resultado da exposição de uma certa mensagem.

Decisão sobre o meio de comunicação a utilizar

Os principais meios de comunicação são os seguintes: jornais, televisão, correio direto, radio, revistas e *outdoors.* Os gestores de advertising terão que decidir qual o meio a utilizar, tendo em conta diversas variáveis:

- Hábitos de uma audiência objetivo. A rádio e televisão, a título de exemplo, são os meios mais efetivos para conseguir chegar aos jovens.
- Produto. Como exemplo, o vestuário feminino é melhor divulgado em revistas especializadas. Os diferentes tipos de meios de comunicação têm um potencial diferente em termos de demonstração, visualização e explicação do produto que se pretende divulgar.
- Mensagem. Exemplificando, uma mensagem que anuncie uma grande venda para amanhã, requere radio e jornais. Uma mensagem que inclua uma grande quantidade de informação técnica, pode ser divulgada por revistas especializadas, ou através de correio direto.
- Custo. A televisão é muito cara, o mesmo não acontecendo com os jornais. O que é relevante é o custo unitário por mensagem e não o custo total.

Algumas empresas optam por juntar mais do que um meio de comunicação na mesma campanha de advertising. Por exemplo, é reconhecido, que juntando a televisão a alguns outdoors, fará mais sentido do que a televisão sózinha. Na prática, os gestores de advertising, tendo em conta as caraterísticas dos diferentes meios de comunicação, deverão decidir como alocar os seus orçamentos aos diferentes meios de comunicação.

Decisão sobre o *timing* a utilizar

Em termos de *timing*, o gestor de advertising tem dois tipos de problemas a ultrapassar, um de natureza macroeconómica e outro de natureza microeconómica.

De natureza macroeconómica

O gestor de advertising tem que decidir como calendarizar a campanha de advertising, tendo em conta a sazonalidade da atividade e o desenvolvimento económico esperado. Suponha-se que o pico das vendas é em Dezembro e a fase mais baixa é em Março. O gestor pode adaptar as suas despesas de advertising para seguir a sazonalidade, ou se quiser ir contra a sazonalidade, deve manter um nível de despesas constante ao longo do ano.

A maioria das empresas desenvolve uma política de advertising sazonal. Mesmo assim, as empresas têm que decidir se os seus gastos de advertising deverão ser mais intensos, proporcionais ou menos intensos que a amplitude sazonal das vendas.

De natureza microeconómica

Este tipo de problema tem uma natureza micro. As empresas podem concentrar todo o investimento de marketing num único mês. Assim, poderão concentrar o investimento numa certa parte do mês, dispersar de uma forma contínua pelo mês inteiro, ou dispersar de uma forma intermitente pelo mês. A incerteza do gestor de marketing é decidir qual o padrão da distribuição que será mais eficiente ao longo do mês. O padrão mais eficiente depende dos objetivos da comunicação de advertising em relação à natureza do produto, clientes alvo, canais de distribuição e outros fatores de marketing.

O *timing* padrão deve considerar os seguintes fatores. Em primeiro lugar, a rotação do consumidor que expressa a taxa à qual o consumidor aparece no mercado. Quanto maior for esta taxa, maior continuidade deve ter a campanha de advertising. Em segundo lugar, a frequência da compra,que é o número de vezes durante o período em que o comprador, em média, compra o produto. Quanto mais alta a frequência da compra, maior continuidade deve ter a campanha de advertising. Em terceiro lugar, a taxa de esquecimento, que a taxa a que o comprador esquece a marca. Quanto maior a taxa de esquecimento, maior continuidade deve ter a campanha de advertising.

Quando um gestor de advertising lança um produto novo, ele tem que escolher entre uma campanha de continuidade e uma campanha de impulsos. A continuidade é conseguida através de uma campanha regular durante um certo período de tempo. Uma campanha de impulsos concretiza-se através de uma campanha irregular durante um certo período de tempo.

AVALIAÇÃO DA EFICIÊNCIA DO ADVERTISING

Um bom planeamento e controlo do advertising está relacionado com a sua eficiência. Muitos gestores de advertising tentam medir o efeito da comunicação de um placard de advertising, isto é, os seus efeitos no conhecimento e na preferência dos consumidores. Contudo, eles gostariam de medir o efeito nas vendas, mas têm consciência que tal é muito complicado.

Avaliação do efeito da comunicação

A avaliação do efeito da comunicação de uma campanha de advertising pretende testar se se está a comunicar de uma forma eficiente. Este teste poderá ser realizado numa fase anterior à campanha, questionando os consumidores sobre a previsível influência na decisão de compra. Ou o teste poderá ser realizado após a campanha, questionando os consumidores sobre o impacto real que a campanha teve nas suas decisões de compra.

Avaliação do efeito nas vendas

A avaliação do efeito nas vendas é geralmente mais dificil de obter do que a avaliação do efeito da comunicação. As vendas são influenciadas por muitos fatores para além do advertising, tal como, as caraterísticas do produto, preço, disponibilidade e ações tomadas pelos concorrentes. Quanto maior controlo existitir sobre estas variáveis, mais fácil será avaliar o efeito nas vendas de uma campanha de advertising.

Uma das formas mais comuns para avaliar o efeito nas vendas de uma campanha de advertising, é através de uma análise histórica. Este tipo de estudo envolve uma análise de correlação entre as vendas passadas relativamente aos gastos de advertising, usando técnicas estatísticas avançadas.

SUMÁRIO

O advertising consiste no uso de meios de comunicação pagos por um vendedor para comunicar informação persuasiva acerca dos seus produtos, serviços ou organização. É uma técnica de marketing muito forte que pretende atingir uma variedade de objetivos, desde vendas imediatas, reconhecimento da marca, preferências, etc.

O processo de decisão sobre uma campanha de advertising envolve várias fases, desde a definição de objetivos, decisão sobre o orçamento, tipo de mensagem, meio de comunicação a utilizar e avaliação da campanha. Os gestores de advertising devem estabelecer objetivos muito claros sobre o que a campanha de advertising deve informar, persuadir, ou relembrar os consumidores.

O orçamento de advertising deve ser estabelecido numa base do que é suportável, como percentagem do orçamento de vendas, numa base de objetivos e tarefas, tendo em conta o orçamento dos concorrentes. A mensagem deve ser escolhida e transmitida de uma forma eficiente. A escolha dos veículos de comunicação mais eficientes é crucial. Por último, a avaliação da campanha de marketing passa pela avaliação dos efeitos na comunicação e nas vendas, antes, durante e depois da campanha de advertising acontecer.

QUESTÕES

1. Muitas empresas não têm orçamento para advertising. Apesar disso, a venda dos seus produtos continua a crescer. Quererá isto dizer que as empresas com produtos excelentes não precisam de desenvolver campanhas de advertising?
2. Advertising comparativo, em que a empresa compara o seu produto como os produtos dos seus concorrentes, é usado por algumas empresas. Quais são as vantagens e os perigos de usar esta forma de advertising?
3. Certas empresas procedem à alocação de gastos de advertising como uma percentagem das vendas. Quais os pressupostos que estão por trás desta política?
4. Considere as seguintes afirmações: *"O objetivo do advertising é criar vendas"*. *"O objetivo do advertising é aumentar a disponibilidade dos consumidores para os produtos da empresa"*. Qual das afirmações é mais verdadeira?

14
Gestão das Promoções e Publicidade

As promoções e a publicidade são frequentemente consideradas com importância secundária, quando comparadas com outras técnicas de marketing, como o advertising ou a venda direta. Mesmo assim, estes instrumentos têm um grande impacto no desempenho de marketing. Provávelmente, são técnicas mal compreendidas pelos gestores de marketing.

PROMOÇÃO DE VENDAS

A promoção de vendas consiste num conjunto variado de ferramentas promocionais para estimular uma rápida e forte resposta do mercado. Inclui veículos para promoção do consumo (folhetos, prémios, demonstrações, concursos, etc.), para promoção das transações (produtos grátis, concursos de retalhistas, etc.), bem como para a promoção de vendas (bónus, concursos, etc.). Os instrumentos de promoção de vendas são usados por uma grande das organizações, incluindo indústria, distribuidores, retalhistas, associações de comerciantes e organizações do setor não lucrativo.

Crescimento rápido da promoção de vendas

A promoção de vendas é uma técnica de marketing que tem crescido ao longo dos últimos anos. São vários os fatores que têm contribuido para esta evolução. A promoção de vendas é reconhecida internamente pela gestão de topo como muito eficiente, tendo como meta o crescimento das vendas. Externamente, o crescimento do número de marcas é outro fator, acompanhada de um decréscimo da eficiência do advertising, devido a custos crescentes e restrições legais.

Objetivo da promoção de vendas

A promoção de vendas é um incentivo para atrair novos consumidores e para premiar clientes atuais. Os novos consumidores são de dois tipos, os que usam outras marcas e os que estão sempre a mudar, já que estão de uma forma contínua a procurar preços baixos e prémios. Dificilmente, este tipo de consumidor se torna leal em mercados de marcas semelhantes, tendo a promoção um efeito de curto prazo. Em mercados de marcas não semelhantes, o efeito já será mais permanente.

Por norma, as promoções de vendas estão mais ligadas ao quebrar da lealdade de certos consumidores com certas marcas, enquanto que o advertising está mais relacionado com a construção de lealdade em relação a certa marca. Em certos casos, torna-se mais eficiente, usar a promoção de vendas em simultâneo com o advertising.

As decisões mais importantes em promoção de vendas

Ao utilizar a promoção de vendas, uma empresa deve estabelecer os objetivos, selecionar os instrumentos, desenvolver, testar, implementar e controlar o programa e avaliar os resultados.

Estabelecer os objetivos de promoção de vendas

Os objetivos de promoção de vendas dependem do mercdo a atingir. Para os consumidores, os objetivos incluem encorajar mais uso e compra do produto, ganhar a confiança dos não utilizadores do produto e atrair os consumidores das marcas concorrentes. Para os retalhistas, os objetivos passam por encorajar a ter níveis de inventário mais elevados, incentivar a compra em períodos mais mortos, construir uma lealdade à marca, bem como entrar em novos espaços comerciais. Para a força de vendas, os objetivos passam pela promoção de um novo produto ou modelo, por mais mais prospeção, pelo estímulo de vendas em períodos mais mortos.

Seleção dos instrumentos promocionais de vendas

Existe uma diversidade de instrumentos de promoção para atingir os objetivos. O gestor das promoções deve ter em conta o tipo de mercado, os objetivos de promoção de vendas, as condições competitivas e o custo efetivo de cada instrumento.

Ofertas, talões de desconto e prémios

As ofertas de certos produtos podem ser entregues diretamente numa loja, ser enviadas por correio, ou entregues porta a porta. As ofertas são o instrumento mais eficiente e mais oneroso tendo em vista introduzir o produto no mercado. Talões de desconto permitem ao consumidor poupanças em certos produtos. Podem ser enviados por correio ou ser incluidos noutros produtos. Prémios são produtos oferecidos a um custo reduzido ou grátis, como incentivo para comprar outros produtos.

Convenções de negócios e apresentações

Associações industriais organizam convenções anuais e apresentações de certos produtos. As empresas que vendem para uma determinada industria, apresentam os seus produtos através de demonstrações próprias para o efeito.

Concursos e jogos

São apresentados aos consumidores, distribuidores e força de vemdas, meios para ganhar alguma coisa, por exemplo, dinheiro, viagens ou mercadorias, como resultado de vendas extra conseguidas.

Desenvolvendo o programa de promoção de vendas

O gestor de marketing deve tomar algumas decisões adicionais para definir o programa completo de promoções, a saber:

- Dimensão do incentivo. O gestor de marketing tem que decidir sobre quanto oferecer. É necessário um incentivo mínimo sem o qual a promoção não é bem sucedida. Um incentivo mais elevado leva uma resposta mais forte das vendas, mas a uma taxa decrescente, à medida que o incentivo aumenta mais. O ideal é estudar os resultados de promoções anteriores, de modo a decidir pelo montante certo de incentivo.
- Condições de participação. Os incentivos podem ser oferecidos a toda a gente ou a grupos selecionados.
- Veículo para distribuir a promoção. O gestor de marketing tem que decidir como promover e distribuir o programa de promoção. Cada método de distribuição envolve um nível diferente de alcance e custo.
- Duração da promoção. Se a promoção demorar um tempo muito limitado, algumas promoções poderão não atingir o efeito desejado.

- Timing da promoção. Devem ser desenvolvidos calendários específicos para a efetivação das promoções. As datas escolhidas serão tomadas em consideração pela produção, vendas e distribuição.
- Orçamento total de promoção de vendas. O custo de uma promoção inclui o custo administrativo (impressão, correios, etc.), bem como o custo do incentivo (descontos, prémios, etc.). A forma mais comum para desenvolver o orçamento de promoção de vendas, é usar uma percentagem sobre o orçamento total de promoções.

Teste do programa de promoção de vendas

Apesar dos programas de promoção de vendas serem desenvolvidos numa base de experiência, o seu teste permitirá concluir sobre os instrumentos de promoção que sejam mais adequados, se o tamanho dos incentivos é ótimo e se o método de apresentação é eficiente.

Implementação e controlo do programa de promoção de vendas

Os planos de implementação e controlo de uma promoção individual devem ser estabelecidos. O planeamento da implementação de um programa de promoções, deve contemplar, por um lado, o tempo necessário para a preparação do programa antes do seu lançamento e, por outro lado, o tempo do lançamento desse programa, até ao escoamento de grande parte do produto objeto da promoção.

Avaliação dos resultados de promoção

A avaliação dos resultados duma promoção é um aspeto crucial que deve ser tomado em consideração. As empresas podem usar vários métodos para avaliar a eficiência da promoção de vendas.

O método mais usado para avaliar o impacto de uma promoção de vendas é comparar as vendas antes, durante e após a promoção. Um outro método consiste na recolha de informação sobre a promoção de uma amostra selecionada de consumidores, que pode revelar o tipo de pessoas que respondem a uma promoção e o que eles fazem depois da mesma acontecer.

Um outro método de avaliação consiste numa pesquisa indiferenciada a consumidores, tendo em vista saber quem se recorda da promoção, o que pensam sobre ela, quantos retiraram vantagens dela, e como é que o seu comportamento posterior foi modificado depois de uma promoção. Por último, uma promoção de vendas pode ser avaliada através de diversas experiências, variando o valor do incentivo, a duração da promoção e os meios de comunicação utilizados.

Em suma, a promoção de vendas tem um papel importante no conjunto das promoções da empresa. O seu uso sistemático exige uma definição clara dos objetivos da promoção de vendas, selecionar os instrumentos adequados, construir e testar um programa adequado, implementá-lo e avaliar os resultados.

PUBLICIDADE

Outro instrumento importante de marketing é a publicidade. Ela é usada para promover marcas, produtos, pessoas, lugares, ideias, atividades, organizações e até nações. Por exemplo, algumas nações usam a publicidade para atrair mais turistas, mais investimento estrangeiro, mais suporte internacional.

A publicidade é uma parte de um conceito mais amplo, as relações públicas. As relações públicas de uma empresa têm vários objetivos, incluindo conseguir publicidade favorável para a companhia, melhorar a imagem, etc. As relações públicas de uma empresa usa diversos instrumentos para atingir tais objetivos:

- Relações com a imprensa
  O propósito das relações com a imprensa é transmitir informação útil para os meios de comunicação social, de modo a captar atenção sobre pessoas, produtos ou serviços.
- Publicidade de produtos
  A publicidade a produtos envolve vários esforços para publicitar diversos produtos.
- Comunicações empresariais
  Esta atividade cobre a comunicação interna e externa e promove a compreensão da instituição

- *Lobbying*
  Fazer *lobbying* envolve relacionamento com o poder legislativo e funcionários do governo para promover e defender regulamentos e legislação.
- Aconselhamento
  Envolve aconselhamento da gestão acerca de assuntos de natureza pública, tomadas de posição da empresa e imagem.

Os profissionais da publicidade podem ser encontrados normalmente em departamentos de relações públicas. A publicidade é por vezes descrita como parente pobre, tendo em conta o seu uso esporádico. Mesmo assim, pode conseguir uma boa recetividade no público. As empresas não pagam por espaço ou tempo num determinado meio de comunicação. Elas pagam a um profissional que promova credibilidade e confiança de uam organização.

Decisões mais importantes em publicidade

Por trás de uma decisão de como usar e quando a publicidade num produto, a gestão deve estabelecer os objetivos de publicidade, escolher as mensagens e os veículos que implementarão o plano de publicidade e avaliar os resultados.

Estabelecimento dos objetivos de publicidade

A publicidade pode contribuir de diversas formas para o programa de promoções global. A contribuição potencial da publicidade pode ser particularmente forte nas seguintes circunstâncias:

- Valor da notícia: produtos com histórias interessantes são os melhores candidatos para a publicidade.
- Estímulo à força de vendas e retalhistas: a publicidade pode ajudar a força de de vendas e retalhistas a ganharem entusiasmo em relação a um determinado produto.
- Necessidade de credibilidade: a publicidade pode acrescer credibilidade ao comunicar uma certa mensagem.
- Orçamento inferior: a publicidade é normalmente menos onerosa do que o mail direto e do que o advertising.

Escolha das mensagens e veículos de publicidade

Um gestor de publicidade utiliza diversos tipos de histórias para conseguir transmitir uma certa imagem do seu produto ou serviço. Se as histórias, por si só, não forem suficientes, poderão ser criados eventos que possam publicitar esse produto ou serviço. O objetivo será criar notícias novas, mais do que encontrar notícias sobre algo que já aconteceu.

Para diversas empresas e, em particular, para as organizações do setor não lucrativo, existem diversos veículos de publicidade, que podem passar pela criação de eventos, como sejam, celebração de aniversários, exposição de arte, jogos de bingo, venda de livros, venda de bolos, concursos, danças, jantares, festas em locais invulgares, viagens, passeios a pé, etc.

Implementação do plano de publicidade

A implementação do plano de publicidade requere muito cuidado. Porque, muitas vezes, uma grande história pode não ter o impacto desejado. A publicidade exige um cuidado extra quando se trata de conferências sobre notícias ou concursos a nível nacional. Os gestores têm que arranjar soluções alternativas quando rápidas quando os resultados da campanha de publicidade não estão a atingir os objetivos.

Avaliação dos resultados da publicidade

Os resultados da publicidade são dificeis e medir e avaliar porque, por norma, a publicidade é usada juntamente com outros veículos de marketing. Se for usada antes da utilização de outros instrumentos, os seus resultados serão mais fáceis de avaliar.

Mudança de atitude, compreensão

Uma boa medida par avaliar a publicidade é a compreensão, mudança de atitude que se verifica após uma campanha publicitária, não considerando o impacto de outros instrumentos. Isto implica a realização de *surveys,* antes e após a referida campanha.

Contribuição para as vendas e para o lucro

Caso seja possível de obter, o impacto nas vendas e no lucro é a medida mais satisfatória para a avaliação dos resultados de uma campanha publicitária.

SUMÁRIO

A promoção de vendas consiste num conjunto variado de instrumentos de incentivo às vendas. Cupões, prémios, concursos e outros, são definidos para estimular os mercados de consumo, o comércio, bem como a força de vendas da organização. A promoção de vendas pressupõe o estabelecimento de objetivos, a seleção dos instrumentos, desenvolvimento, teste e implementação de um programa de promoção de vendas, bem como a avaliação de resultados.

A publicidade é uma técnica de marketing com grande potencial para criar uma mudança de atitude e abertura para um certo produto ou serviço. A publicidade envolve a definição dos objetivos de publicidade, a escolha das histórias e mensagens, a decisão sobre os veículos a utilizar e a avaliação dos resultados.

QUESTÕES

1. Algumas empresas, ao longo da sua vida, enfrentam rumores negativos acerca dos seus produtos. Como pode a empresa lidar melhor com estes rumores, através do uso das relações públicas e advertising?
2. Selecione um produto ou serviço e recomende qual o instrumento de promoção de vendas poderá ser usado para melhor chegar ao consumidor.
3. Muito do trabalho de relações públicas realizado pelas empresa é difuso e inclui atividades não relacionadas. Sugira uma orientação de relações públicas a ser adotada por uma empresa, tendo por base diversas atividades de publicidade.
4. A contribuição da publicidade para os resultados alcançados é difícil de medir, tendo em conta que, por norma, é usada em conjunto com outros instrumentos de marketing. Apesar disso, apresente algumas formas de avaliar a publicidade.

CONTROLO DE GESTÃO DE MARKETING

Marketing deve estar comprometido com uma monitorização e controlo contínuos das atividades de marketing. Se os objetivos forem perdidos de vista, os esforços têm de ser redobrados.

PARTE IV – **ORGANIZAÇÃO E IMPLEMENTAÇÃO DE MARKETING**

A organização de marketing deve estar estruturada de tal forma que seja possível traduzir os planos de marketing em ações, que sejam executadas de tal forma, que permitam realizar os objetivos estabelecidos. Uma implementação de marketing eficiente requere conhecimentos na monitorização, organização e interação, ao nível das funções, dos programas e das políticas de marketing.

15
A Estrutura e Organização de Marketing

O objetivo deste capítulo é perceber as diferentes formas de organização do marketing nas entidades empresariais.

ORGANIZAÇÃO DE MARKETING

Iremos analisar a forma como os departamentos de marketing têm evoluido nas empresas ao longo do tempo, as possíveis formas de organização e o modo como se relacionam com outros departamentos.

A evolução do departamento de marketing

Os departamentos de marketing de hoje, são o resultado de uma longa evolução. Existem várias fases na sua evolução e as empresas podem situar-se numa das diferentes fases.

Departamento de vendas

O responsável pelas vendas assume, em simultâneo, algumas funções de marketing, como advertising ou promoções.

Departamento de vendas com funções de marketing

À medida que as empresas evoluem, necessitam desenvolver a função de marketing de uma forma mais regular. Assim, o responsável pelas vendas contrata profissionais que desempenhem algumas destas funções de uma forma regular.

Departamento de marketing autónomo

Com o crescimento das empresas, surge a necessidade de uma autonomia organizacional do marketing em relação às vendas. Nesta fase de evolução das empresas, o marketing e as vendas estão separadas na estrutura e devem colaborar uma com outra.

Departamento de marketing moderno

A função de marketing tem aqui uma relevância maior. O responsável pelo marketing terá uma visão de longo prazo, com uma preocupação de planear os produtos certos e a estratégia de marketing adequada para ir ao encontro das necessidades dos consumidores.

Empresa de marketing moderna

Uma empresa pode ter um departamento de marketing autónomo mas não ser uma empresa moderna de marketing. Tudo depende da forma como os colaboradores da empresa entendem o marketing. Todos os departamentos devem trabalhar para o cliente e o marketing não é um mero departamento da estrutura, mas sim uma filosofia empresarial.

Formas de organizar o departamento de marketing

As organizações de marketing devem ter em conta as seguintes dimensões básicas da atividade de marketing: funções, áreas geográficas, produtos e mercados de consumidores.

Organização funcional

A forma mais comum de organização de marketing é a organização funcional, onde serão enquadradas as diferentes especialidades de marketing: administração, advertising e promoção de vendas, vendas, pesquisa e novos produtos.

A grande vantagem de uma organização de marketing funcional é a sua simplicidade administrativa. Pelo contrário, esta forma organizativa perde eficiência à medida que as empresas crescem, ao nível de produtos e mercados.

Organização geográfica

Uma empresa que venda em todo o mercado nacional, é natural que organize a sua força de vendas de acordo com as diferentes áreas geográficas. De uma forma semelhante, empresas com esta dimensão, deverão ajustar a sua estratégia de marketing a cada região.

Organização por gestão de produto

As empresas que produzem e comercializam uma grande variedade de produtos, ou marcas, por norma, estruturam a sua organização tendo por base esse critério, sendo lideradas por gestores de produto.

Este tipo de organização tem algumas vantagens. Em primeiro lugar, os gestores harmoniza o *marketing mix* ao produto. Em segundo lugar, o gestor do produto pode reagir mais rápidamente aos problemas que o mercado possa colocar. Em terceiro lugar, as marcas com menor notoriedade, poderão não ser tão negligenciadas.

Este tipo de organização também apresenta algumas desvantagens. Em primeiro lugar, a gestão por produto cria algum conflito e frustação porque, aos gestores de produto não é dada autoridade para fazer face às suas responsabilidades de uma forma eficiente. Os gestores de produtos são, normalmente, considerados de nível inferior. Em segundo lugar, aos gestores de produto tornam-se especialistas no seu produto, raramente se tornam especialistas de uam função. Em terceiro lugar, um sistema de gestão por produto torna-se, por norma, mais dispendioso do que o esperado. Em último lugar, os gestores de produto tendem a estar pouco tempo na mesma função.

Organização por gestão de produto e de mercado

As empresas que fabricam produtos variados para mercados muito diferentes, enfrentam um dilema. Por um lado, podem implementar um sistema de gestão assente no produto, mas que exige gestores conhecedores dos diferentes mercados ou, por outro lado, podem implementar um sistema baseado nos mercados, mas que exige que os gestores devem estar familiarizados com produtos muito diferenciados comercializados nos diferentes mercados.

Uma organização assente na gestão de mercados e produtos em simultâneo, é desejável em empresas com múltiplos mercados e produtos. A questão é que um sistema desta natureza é, em simultâneo, conflituoso e oneroso.

Organização empresarial, por divisão

À medidas que as empresas multiproduto crescem em tamanho, transformam a sua organização por produto, numa organização por divisões separadas. As divisões estabelecem os seus próprios departamentos e serviços. Isto levanta a questão sobre que tipo de serviços de marketing e atividades, lhes devem ser atribuidas. As alternativas são as seguintes:

- Sem marketing a nível da sede. Algumas empresas não possuem uma estrutura de marketing ao nível da sede. Nesta conformidade, cada divisão desenvolve as sua atividades de marketing
- Marketing reduzido a nível da sede, com uma estrutura de marketing muita diminuta, apenas para appio à gestão de topo.
- Marketing moderado ao nível da sede, em que as empresas têm alguma estrutura, que desenvolve atividades de marketing de apoio às diferentes divisões.
- Marketing forte ao nível da sede, com uma estrutura relevante que centraliza toda a estratégia de marketing a implementar ao nível das diferentes divisões.

Relações do marketing com outros departamentos da empresa

Por princípio, as diferentes funções das empresas devem articular-se de uma forma harmoniosa, tendo me vista atingir os objetivos globais das organizações. Contudo, na prática, as relações entre departamentos, são frequentemente conflituosas e cheias de maus entendidos. Isto acontece por diferenças de opinião sobre o que são os verdadeiros interesses das organizações.

O departamento de marketing deve assumir as suas responsabilidades e usar a sua influência. O responsável máximo do marketing deve coordenar as atividades de marketing da empresa, bem como relacionar-se com os outros departamentos, como pesquisa e desenvolvimento, engenharia, compras, produção, finanças, contabilidade, cobranças, etc.

Pesquisa e desenvolvimento

O desejo das empresas em ter novos produtos com sucesso, é muitas vezes contrariado pelas relações complexas entre a pesquisa e desenvolvimento e o marketing. Na verdade, estes grupos representam duas culturas diferentes na organização.

O departamento de pesquisa e desenvolvimento é constituido por técnicos cujo único interesse é a investigação científica, sem qualquer preocupação com retorno de vendas e não gostam de ser monitorizados e controlados. Ou seja, a sua ênfase é a pesquisa, se possível, com qualidade.

O departamento de marketing e vendas é formado por pessoas orientadas para o negócio, com enfoque nos custos que pretendem, acima de tudo, levar um produto de qualidade ao cliente. Ou seja, a sua ênfase está orientada para a pesquisa aplicada, qualidade e vendas.

Engenharia

A engenharia é responsável por encontrar formas práticas de desenhar novos produtos e novos processos de produção. Os engenheiros preocupam-se em conseguir qualidade técnica, economia de custos e simplificação da estrutura produtiva. Este departamento entra em conflito com o marketing e vendas quando estes desejam que diversos modelos sejam produzidos com especificidades próprias. O choque entre estas duas áreas é menos acentuado quando os responsáveis do marketing e vendas têm sensibilidade técnica e não só comercial.

Compras

Os responsáveis das compras procuram obter os materiais e componentes ao mais baixo custo nas quantidades certas e com qualidade. Eles olham para os responsáveis do marketing como querendo vender vários modelos diferentes do mesmo produto, o que requere a compra de pequenas quantidades de artigos diferentes e não grandes quantidades dos mesmos artigos.

Esta política implica, frequentemente, à prática de compras com urgência a preços não competitivos, o que vai traduzir-se, muitas vezes, em inventários excessivos, que têm que ser financiados por capitais próprios ou alheios.

Produção

Existem vários conflitos potenciais entre o marketing e a produção. Os responsáveis da produção procuram fabricar os produtos certos em quantidades certas, no tempo certo, ao custo certo. Eles olham para os responsáveis do marketing como nada conhecendo de política industrial. Por outro lado, os responsáveis do marketing queixam-se de capacidade produtiva insuficiente, demoras na produção, controlo de qualidade fraco e serviço ao cliente insuficiente.

Adicionalmente, os responsáveis da produção pensam que os responsáveis do marketing fazem previsões de venda inexatas, recomendam aos clientes produtos difíceis de fabricar e em muitas versões e prometem mais serviço da produção do que seria razoável.

Finanças

Os responsáveis financeiros têm muitas vezes orgulho de serem capazes de avaliar a rendibilidade de várias opções de negócios. Contudo, quando se trata de despesas de marketing, eles sentem-se frustrados.

Os responsáveis do marketing exigem normalmente orçamentos altos para advertising, promoção de vendas, força de vendas, sem conseguirem demonstrar qual o impacto nas vendas como resultado da efetivação dessas despesas. Os responsáveis financeiros acreditam que os orçamentos de marketing não são, por norma, realistas.

Os responsáveis do marketing, frequentemente, olham para os responsáveis financeiros com querendo cortar nas despesas em demasia, não pensando no médio e longo prazo, ou seja, têm a perceção de que os financeiros são muito conservadores e avessos ao risco, levando a que, muitas oportunidades se possam perder. Eles defendem que a solução passa por dar aos responsáveis do marketing mais formação financeira e ajudá-los a conseguir uma melhor compreensão sobre a forma como os mercados reagem aos diferentes tipos de esforço de marketing.

Contabilidade

Os contabilistas acham que, por norma, os responsáveis do marketing não preparam os seus relatórios de vendas no tempo certo. Por outro lado, os responsáveis do marketing entendem que, frequentemente, as margens por produtos são mal calculadas, com uma deficiente imputação dos gastos gerais de marketing. Os responsáveis do marketing também reclamam, muitas vezes, por análises diversas por parte da contabilidade, exemplo, por canais, por encomenda, por área geográfica, que não são elaboradas.

Cobranças

Por norma, os responsáveis do crédito definem um *plafond* de crédito por cliente e limitem as vendas a partir desse plafond. Eles pensam que os responsáveis comerciais e de marketing querem vender de qualquer maneira, mesmos aos clientes de natureza duvidosa.

Os responsáveis do marketing, por norma, acham que os *plafonds* são muito elevados e que, se a empresa vender apenas a clientes não duvidosas, perderá vendas e lucros. Eles pensam que trabalham arduamente para encontrar novos clientes e depois é-lhes dito que eles não são suficientemente bons para se vender.

Estratégias de uma empresa com orientação para o marketing

A grande maioria das empresas está orientada para as vendas. No entanto, estas empresas, mais cedo ou mais tarde, vão perder parte do mercado, vão experientar um crescimento lento, um decréscimo da rendibilidade, ou vão ter que competir com concorrentes mais sofisticados. Nesta fase, estas empresas concluem que são frágeis na estratégia de marketing, quando comparadas com os concorrentes.

Estas empresas tenderão a gastar mais dinheiro em vendas e/ou reduzir os preços. Pensarão inicialmente que a resposta passa por reforçar a equipa de vendas. Pensarão em novas estratégias que podem passar por novos produtos, tendo em vista satisfazer novas necessidades dos consumidores.

Nestas empresas, o grande desafio dos gestores de topo é transformar uma empresa orientada para as vendas numa empresa orientada para o marketing. Para que tal seja concretizável, é necessário passar por várias fases, até criar uma verdadeira cultura de marketing nessas empresas.

O marketing em organizações sem fins lucrativos e no setor público

Os princípios de marketing aplicam-se não só ao tecido empresarial lucrativo, como também às organizações sem fins lucrativos e ao setor público. Por norma, são identificadas as seguintes caraterísticas neste tipo de organizações:

Públicos variados

As organizações sem fins lucrativos têm dois grandes públicos: clientes e fundadores. Em relação aos primeiros, a questão que se coloca é a alocação de recursos. Em relação aos segundos, a questão central é encontrar os recursos necessários para a atividade.

Múltiplos objetivos

As organizações sem fins lucrativos têm objetivos variados. Este facto torna a formulação da estratégia mais complexa.

Serviços em vez de produtos acabados

A grande maioria das organizações sem fins lucrativos presta serviços, não produzindo produtos acabados. Nesta conformidade, devem aplicar os princípios de marketing de serviços.

Escrutínio público e pressões fora do mercado

As organizações sem fins lucrativos estão sujeitas ao escrutínio público porque, por norma, são subsidiadas, tendo mesmo isenções fiscais. Elas sofrem pressões de públicos diversos, esperando-se que desenvolvam a sua atividade de acordo com o interesse público. Isto significa que as suas atividades de marketing estão sujeitas ao escrutínio público.

Em suma, o marketing é, cada vez mais, um aspeto importante para as organizações sem fins lucrativos (ex. colégios, hospitais, museus, organizações desportivas e culturais, etc.). A maioria delas, inicialmente, pensa que marketing é sinónimo de promoções. Elas pensam que os seus problemas se resolvem através de mais advertising, promoção de vendas e publicidade.

SUMÁRIO

O objetivo deste capítulo é analisar como é que a função de marketing deve ser organizada, bem como analisar as diferentes fases de um departamento de marketing desde a sua fase embrionária no início da empresa, até chegar a um departamento moderno de marketing numa fase de maior maturidade da empresa.

Por norma, o marketing começa no departamento de vendas, que desenvolve algumas atividades, nomeadamente, advertising e promoção de vendas. À medida que estas funções crescem em importância, algumas empresas criam um departamento de marketing para gerir estas atividades. Contudo, a criação de um departamento de marketing não significa que a empresa passe a ser uma moderna empresa de marketing, já que, tal só acontece, se ela, no seu todo, praticar uma orientação para o cliente.

Um departamento de marketing moderno pode ser organizado de várias formas. A forma de organização mais comum, é a organização por funções de marketing, como sejam, advertising, publicidade, pesquisa de marketing, etc. Outras formas podem ter por base uma organização de marketing por produto, por região ou por gestor.

O marketing tem que trabalhar de uma forma harmoniosa com as outras funções da empresa, tendo em vista responder às necessidades dos clientes. Os eventuais conflitos que possam existir com outras funções podem ser reduzidos quando a empresa, no seu todo, tem uma orientação direcionada para o cliente.

QUESTÕES

1. Escolha um produto ou serviço e discuta as questões de marketing essenciais ao longo das diferentes fases do ciclo de vida desse produto.
2. Para o produto ou serviço discutido na questão 1, indique alguns problemas específicos de diagnóstico e problemas de ação que possam ocorrer ao nível da estratégia.
3. Tendo em vista desenvolver um plano de promoção de vendas, descreva alguns departamentos, cujos esforços devam ser coordenados com o departamento de marketing.
4. Descreva algumas situações industriais, em que os especialistas de marketing locais, poderiam dar um apoio particular à empresa.

16
A Implementação de Marketing

Após a definição do plano estratégico de marketing, a questão que se coloca é saber como é que pode ser implementado de uma forma eficiente. As empresas podem ter planos estratégicos muito bem concebidos, mas, de nada valem, caso o seu processo de implementação não seja o mais adequado. Implementação de marketing é o processo que põe os planos de marketing em ação e assegura que a estratégia de marketing é executada de modo a atingir os objetivos estabelecidos no plano.

Por um lado, na definição da estratégia, é importante estabelecer quais as atividades de marketing a aplicar e o porquê dessa escolha. Por outro lado, na implementação da estratégia, é necessário definir quem vai implementar, onde, quando e como vai ser implementada. Na verdade, a estratégia e a sua implementação, estão ligadas de uma forma muito estreita. A implementação está tão ligada à estratégia, de tal modo que, as dificuldades previstas na implementação de uma certa estratégia, podem influenciar decididamente a escolha da mesma.

De uma forma geral, são identificadas algumas áreas que podem influenciar a eficiência da implementação dos programas de marketing:

Capacidade para reconhecer e a diagnosticar os problemas

A relação estreita entre estratégia e implementação pode implicar problemas de diagnóstico difíceis, quando os resultados dos programas de marketing não vão ao encontro das expetativas. Por exemplo, uma taxa de crescimento das vendas baixa será o resultado de uma estratégia pobre ou de problemas na implementação? Ou seja, a questão é diagnosticar o problema ou a questão é saber o que deve ser feito para resolver o problema? Para cada problema, existem instrumentos de gestão e soluções diferentes.

Capacidade para chegar aos níveis hierárquicos onde o problema existe

Problemas de implementação de marketing podem ocorrer em níveis hierárquicos diferentes. Um primeiro nível de implementação, ocorre ao nível da função de marketing que devem ser executadas, como sejam, planeamento de novos produtos, advertising, canais de distribuição, etc.

Um outro nível de implementação são os programas de marketing. Preço, promoções, distribuição do produto, exemplificam algumas preocupações ao nível dos programas de marketing,

Um terceiro nível de implementação, são as políticas de marketing. Aqui a gestão está preocupada com as diretivas que levarão os atores do marketing a entender os objetivos da organização.

Capacidade para uma implementação de marketing eficiente

Existe um conjunto de capacidades e conhecimentos que devem existir a cada nível da organização: capacidade de alocar os recursos às necessidades, capacidade de monitorizar os resultados, capacidade de organização dos recursos e a capacidade de interação entre os diferentes níveis da organização.

Uma alocação de recursos eficiente manifesta-se na competência dos gestores de marketing em gerir o dinheiro, o tempo, as pessoas às funções, políticas ou programas. Por exemplo, alocar as pessoas certas a certos produtos e regiões, é um dos problemas que muitas empresas enfrentam.

A capacidade de monitorizar os resultados consiste em desenvolver e gerir um sistema de controlos, para avaliar os resultados das ações de marketing. Os controlos podem ser de vários tipos: controlo do plano anual, controlo da rendibilidade e controlo estratégico

A capacidade de organização está preocupada na especificação da estrutura de relações entre o pessoal de marketing, tendo em vista alcançar os objetivos. A gestão do grau de centralização e formalização a estabelecer no sistema e a compreensão da organização informal, são pré-requisitos importantes no desenvolvimento de procedimentos de implementação efetivos.

A capacidade de interação envolve a habilidade dos gestores para conseguir as coisas feitas, através da sua influência sobre outras pessoas. Os gestores de marketing devem ser capazes não só de motivar a sua própria organização interna, como também agentes exteriores, como grossistas, intermediários diversos, etc.

Através do exame destas capacidades para cada um dos níveis enunciados, é possível identificar muitas das áreas problemáticas inerentes à implementação de marketing. A frequência em que cada problema surge na organização, está relacionada com a dimensão da empresa, com a sua posição no mercado, ou com a taxa de crescimento da indústria em que a empresa compete. Contudo, excelência na implementação de marketing requere capacidade de gestão em cada uma dessas áreas, alocação, monitorização, organização e interação, em cada nível de implementação, ou seja, ao nível das funções, dos programas e das políticas.

Capacidade de implementação e de avaliação de marketing

Um bom desempenho no mercado não significa uma boa implementação de marketing. É muito difícil distinguir entre boa estratégia/implementação pobre e implementação pobre/boa implementação. Evidência de uma prática de implementação de marketing eficiente, deverá incluir respostas positivas às seguintes questões:

i. Existe uma clara orientação de marketing, uma liderança de marketing forte e uma cultura que promova a excelência?
ii. A função de vendas, distribuição, preço e advertising são bem geridas?
iii. Os programas de marketing da empresa integram as atividades de marketing de uma forma focada para os diversos grupos de clientes?
iv. Como é que a gestão de marketing se relaciona com as vendas, com as outras funções da empresa e com os clientes?
v. Que esforços de monitorização estão a ser usados pela gestão de marketing, não só em relação a si próprios, como também em relação a clientes atuais e potenciais?
vi. De que forma a gestão de marketing está a alocar tempo, dinheiro e pessoas às diversas atividades de marketing?

vii. Como como é que os gestores de marketing estão organizados, não só em relação à realização das atividades, como também na interação com os clientes?

Em suma, separar os efeitos da estratégia e da implementação nos resultados do mercado, nunca será uma tarefa fácil. Mas o foco na necessidade na excelência empresarial, não só nas atividades de implementação de marketing, como também, no planeamento estratégico de marketing, conduzirá a uma melhoria do desempenho da organização em termos globais.

SUMÁRIO

Os responsáveis pela função de marketing devem não só desenvolver planos de marketing eficientes, mas também implementá-los com sucesso. Implementação de marketing é o processo de colocar os planos em ações, descrevendo quem os executa, quando é que são executados e como serão colocados em prática.

Implementação de marketing exige capacidades por parte da gestão, na alocação de recursos, na monitorização dos resultados, na organização dos meios, bem como na interação ao nível das funções, programas e políticas de marketing.

QUESTÕES

1. Escolha um produto e discuta as questões de marketing essenciais ao nível da implementação de marketing, ao longo das diferentes fases do ciclo de vida desse produto.
2. Para o produto escolhido, indique alguns problemas específicos de diagnóstico e problemas de ação que possam ocorrer na fase da implementação de marketing.
3. Para o produto escolhido, dê um exemplo de problemas que podem surgir ao nível das funções, programas e políticas, na fase de implementação de marketing.
4. O que entende por processo de implementação de marketing? Qual a sua relação com o processo de planeamento estratégico?

PARTE V – **O CONTROLO DE GESTÃO DE MARKETING**

O Controlo de Gestão de Marketing é essencial nas organizações, porque ocorrem muitas surpresas na fase da implementação dos planos de marketing. É necessária uma contínua monitorização e controlo das atividades de marketing. Os sistemas de controlo de marketing são essenciais para ter a certeza que a organização opera de uma forma eficiente e eficaz.

17
O Controlo do Plano Anual de Marketing

O papel do departamento de marketing é planear e controlar a atividade de marketing. Devido ao facto de muitas surpresas surgirem durante a implementação dos planos de marketing, o departamento de marketing tem que desenvolver uma monitorização contínua e controlo das atividades de marketing. Os sistemas de controlo de marketing são essenciais para ter a certeza que a empresa opera com eficiência e com eficácia.

Existem vários tipos de controlo de gestão em marketing: o controlo do plano anual, o controlo da rendibilidade, o controlo da eficiência e o controlo estratégico.

O controlo da rendibilidade consiste no conjunto de esforços para determinar a rendibilidade dos diferentes produtos, regiões e canais de distribuição. A responsabilidade deste controlo pertence ao controlador de marketing. O objetivo essencial do controlo é examinar onde é que a empresa está a ganhar ou a perder dinheiro. Os indicadores utilizados são, entre outros, a análise da rendibilidade por produto, por zona geográfica, por cliente e grupos de clientes e por canal de distribuição.

O controlo da eficiência implica a procura de formas para melhorar o impacto dos diferentes instrumentos de marketing. A responsabilidade deste controlo pertence ao controlador de marketing e aos gestores operacionais. O objetivo essencial do controlo é melhorar a eficiência dos gastos e o impacto das despesas de marketing. Os indicadores utilizados são, entre outros, a eficiência da força de vendas, do advertising, da promoção de vendas e da distribuição.

O controlo estratégico consiste em examinar periodicamente se as estratégias básicas da empresas estão devidamente ligadas às oportunidades. A responsabilidade deste controlo pertence ao controlador de marketing e à gestão de topo. O objetivo essencial do controlo é verificar se a empresa está a aproveitar as suas melhores oportunidades em relação aos mercados, produtos e canais de distribuição.Os indicadores utilizados são, entre outros, a análise da eficiência do marketing e auditoria de marketing.

CONTROLO DO PLANO ANUAL

No controlo do plano anual, os responsáveis do marketing acompanham a evolução do desempenho em relação ao plano anual e desenvolvem as medidas corretivas necessárias. A responsabilidade deste controlo pertence à gestão intermédia e à gestão de topo. O objetivo essencial do controlo é examinar se os resultados planeados estão a ser atingidos, é assegurar que a empresa atinge as vendas, lucros e outros objetivos estabelecidos no plano anual. A essência do controlo do plano anual é a gestão por objetivos. Os indicadores utilizados são, entre outros, a análise de vendas e da quota de mercado, rácios que relacionam as despesas com as vendas, bem como análises financeiras diversas.

O controlo do plano anual pode ser dividido em diversas fases. Numa primeira fase, deve estabelecer os objetivos mensais, trimestrais e anuais. Numa segunda fase, as empresas devem monitorizar o seu desempenho no mercado. Numa terceira fase, devem procurar as causa dos desvios que estão a acontecer. Numa última fase, os gestores devem aplicar medidas corretivas para resolver as diferenças entre o desempenho e os objetivos. Isto pode exigir uma mudança dos objetivos ou dos programas de ação.

Os gestores podem usar os mais diversos instrumentos para analisar o desempenho do plano. As análises podem ser as mais variadas, desde as vendas, atitude de clientes ou análises financeiras muito diversas.

Análise das vendas

A análise das vendas consiste em medir e avaliar as vendas reais em relação às vendas previstas. Para este efeito, o cálculo do desvio de vendas em quantidade e em valor é importante. Ou seja, o desvio que possa acontecer nas vendas é explicado pelo preço ou pela quantidade vendida? Na maioria das situações de desvios de vendas, a causa deve-se ao facto de não ter ser siddo atingida a quantidade vendida.

Tendo em vista completar esta análise inicial dos desvios globais, é necessária uma análise a nível micro, por produto, por zona geográfica, por cliente ou por gupos de clientes, por canal de distribuição, etc.

Análise da quota de mercado

As vendas da empresa, só por si, não revelam o desempenho da empresa relativamente aos seus concorrentes. Imagine-se que se verifica um crescimento das vendas. Tal pode ser explicado por uma economia a crescer mais do que o esperado. Ou pode ser explicado por um melhor desempenho da empresa em relação aos seus concorrentes. Ou seja, os gestores devem analisar a sua quota de mercado, em relação à quota de mercado global da economia como um todo. Se a quota de mercado cresce, a empresa está a ganhar em relação aos concorrentes. Se a quota de mercado desce, a empresa está a perder em relação aos seus concorrentes.

Estas conclusões sobre a análise da quota de mercado, podem ter algumas limitações. Em primeiro lugar, o pressuposto de que as forças externas afetam todas as empresas da mesma forma, frequentemente, não é verdade. Em segundo lugar, o pressuposto de que o desempenho da empresa, pode ser comparado com o desempenho médio de todas empresas, não é sempre válido. Em terceiro lugar, quando uma empresa nova surge na indústria, é natural que a quota de mercado de empresas já existentes, possa cair. Em quarto lugar, um decréscimo da quota de mercado é, em certas circunstâncias, provocado pela própria empresa para ela melhorar, como é o caso de acabar com certos clientes e produtos não rentáveis, de modo a melhorar os lucros. Por último, a quota de mercado pode baixar devido a circunstâncias específicas, como é o caso de ter acontecido uma grande venda no último dia do ano que terminou, ou no primeiros dias do ano seguinte. Ou seja, nem todas as alterações da quota de mercado têm significado de marketing.

O primeiro passo na análise da quota de mercado, é definir quais os indicadores de avaliação devem ser usados, já que existem instrumentos variados para analisar a quota de mercado.

Quota de mercado global

A quota de mercado global são as vendas da empresa em função das vendas totais da indústria. Esta quota de mercado pode ser expressa em quantidades ou em valor. Qualquer alteração da quota de mercado em quantidade, reflete alterações entre os concorrentes. Qualquer alteração da quota de mercado em valor, poderá refletir uma combinação de mudanças de preço com alterações de volume. A outra questão a decidir é a forma de cálculo do total da indústria.

Quota do mercado em que atua

A quota de mercado em que atua são as vendas da empresa em função das vendas totais desse mercado. Este mercado é aquele que a empresa serve e para o qual direciona o seu esforço de marketing. Uma empresa pode, neste mercado, ter uma quota elevada mas, mesmo assim, ser muito diminuta em relação ao mercado global. O objetivo da empresa é ser dominante neste mercado e, à medida que atinge este objetivo, deverá alargar o mercado em que atua, com novos produtos e novas regiões.

Quota de mercado relativa (em relação aos três principais concorrentes)

Este indicador expressa a quota de mercado da empresa em relação à quota de mercado dos três principais concorrentes. Por exemplo, se uma empresa tem 30% deste mercado e os maiores concorrentes têm 20, 10 e 10 por cento, então a quota de mercado relativa será 75% (30/40).

Quota de mercado relativa (em relação ao principal concorrente)

Este indicador expressa a quota de mercado da empresa em relação às vendas do líder de mercado. Uma subida da quota de mercado relativamente ao seu principal concorrente, significa que a empresa está a ter um bom desempenho, em relação a um concorrente direto.

Depois de escolher qual o tipo de quota de mercado a usar, a empresa deve encontrar a informação necessária para o seu cálculo. A quota de mercado global é normalmnente a medida mais utilizada, tendo em conta existir uma maior facilidade de encontrar as vendas totais da indústria, normalmente disponível pelos governos ou por publicações de associações empresariais.

Estimar a dimensão do mercado em que atua, é uma tarefa mais difícil, já que ter em conta as constantes mudanças desse mercado, no que diz respeito aos produtos comercializados ou às áreas abrangidas.

Estimar as vendas relativas oas principais concorrentes é também uma tarefa muito difícil, já que, frequentemente, eles não disponibilizam tais informações. A empresa tem que utilizar formas indiretas, como a taxa de compras de matérias primas, o número de turnos em que estão a opera, etc.

Análise da relação entre as despesas e as vendas

O controlo do plano de anual requere que a empresa não esteja a gastar em excesso, tendo em vista atingir o objetivo de vendas. O indicador fundamental é relacionar as despesas de marketing em relação às vendas. As despesas de marketing podem ser divididas em várias componentes. Por exemplo, custo da força de vendas, do advertising, da pesquisa de marketing, da promoção de vendas, dos custos administrativos de marekting, etc. Estas despesas de marketing devem ser monitorizadas. Caso se verifique uma flutuação irregular numa delas, é necessário tentar encontrar as causas dessa flutuação.

Análise financeira

As análises financeiras podem ser efetuadas pela gestão para identificar os fatores que afetam a taxa de rendibilidade. Entre os vários fatores que podem afetar a rendibilidade, pode considerar-se o endividamento e o seu custo, a rendibilidade do ativo, a composição e a rotação desses ativos, a margem bruta, etc.

Acompanhar a atitude dos clientes

Para além das análises de natureza qualitativa, são necessárias informações de natureza qualitativa, que alertem a gestão sobre mudanças que estejam a acontecer no mercado. Alertas sobre alterações na atitude dos consumidores, são de extrema importância para a gestão. Se a gestão conseguir antecipar essas mudanças, poderá evitar o decréscimo de vendas de certos produtos.

Uma forma de acompanhar essas tendências, é registar, analisar e dar seguimento às reclamações que surgem por parte dos clientes. A gestão deve corrigir o que possa estar na origem de tais reclamações. Também poderá ser usado um sistema de recolha de sugestões por parte dos clientes através de questionários, paineis, etc.

Ações corretivas

Quando o desempenho começa a desviar-se dos objetivos que estavam definidos, a gestão tem que tomar medidas corretivas. Entre as possíveis medidas a tomar, incluem-se diversos cortes de gastos ao nível do pessoal e benefícios, uma maior pessão sobre as vendas, corte no investimento, desinvestimento e, caso seja a melhor solução, a venda da empresa.

SUMÁRIO

O controlo de marketing é a sequência natural do planeamento, organização e implementação de marketing. O controlo do plano anual consiste em monitorizar o esforço de marketing que está a ser desenvolvido com os resultados que estão a ser alcançados. Com o controlo, pretende-se verificar se os objetivos de vendas e de lucros se estão a realizar.

Os principais instrumentos de controlo do plano anual são as análises de vendas, da quota de mercado, a relação entre as despesas e as vendas, análises financeiras e acompanhamento do comportamento e atitudes do consumidor.

Caso os objetivos traçados no plano anual não estejam a ser alcançados, as empresas têm que implementar medidas corretivas que podem ir de cortes na produção, alteração de preços, pressionar a força de vendas, cortes no pessoal e nos seus benefícios, desinvestimento ou, caso seja a solução, decidir pela venda da empresa.

QUESTÕES

1. Quais são as vantagens e desvantagens do acompanhamento das atitudes e comportamento do consumidor em relação a outros tipos de controlo, de natureza quantitativa?
2. Em muitos exemplos, o controlo de marketing parte de um desempenho standard para comparar com o que está a acontecer na empresa. Como é que os gestores de marketing devem estabelecer esse standard?
3. No controlo do plano anual, o primeiro passo ao usar análise da quota de mercado, é definir que medidas da quota de mercado devem ser usadas. Enuncie algumas das diferentes medidas que podem ser usadas.
4. Quando os níveis de desempenho começam a desviar-se dos objetivos do plano, devem ser empreendiadas algumas medidas corretivas. Enuncie algumas dessas medidas.

18
O Controlo da Rendibilidade de Marketing

Para além do controlo do plano anual de marketing, as empresas têm que monitorizar a rendibilidade dos seus produtos, áreas geográficas, grupos de clientes, canais de distribuição, etc. A informação sobre a rendibilidade ajudará os gestores a decidir se certos produtos ou atividades de marketing, devem ser incrementados, reduzidos ou eliminados. A responsabilidade do controlo da rendibilidade pertence à gestão e ao controlador de marketing, caso exista esta função. Com o controlo da rendibilidade, pretende-se saber se a empresa está a ganhar ou a perder dinheiro, tendo por base as decisões estratégica que implementou.

METODOLOGIA DA ANÁLISE DA RENDIBILIDADE DE MARKETING

A análise da rendibilidade pode ser desenvolvida por diversas fases.

Fase 1: Identificar as despesas por funções

Tendo por base o conhecimento das despesas por natureza, importa conhecer como é que estas despesas se repartem por funções. Para o efeito, partindo da demonstração de resultados por naturezas, deve-se elaborar a demonstração de resultados por funções, em que é desenvolvida, de uma forma analítica, a análise do resultado função a função.

Fase 2: Associar as despesas funcionais a cada canal de distribuição

Tendo por base um critério de imputação, as despesas comerciais podem ser associadas a cada canal, tendo por base o esforço de vendas em cada canal de distribuição. As despesas de advertising podem ser associadas de acordo com o número de placards aplicados por cada canal.

Fase 3: Elaborar a demonstração de resultados funcional por cada canal de distribuição

Ao elaborar a demonstração de resultados por funções por cada canal de distribuição, a empresa conhecerá, com detalhe, quais os canais de distribuição de maior rendibilidade.

DETERMINAR A MELHOR AÇÃO CORRETIVA

Após o conhecimento das despesas funcionais do marketing por canal de distribuição, importa saber qual deve ser a ação corretiva mais adequada a implementar.

Dar atenção especial às encomendas pequenas, de modo a que elas venham a ser maiores

Este princípio assume que as encomendas pequenas são, normalmente, não rentáveis. Assim, o objetivo é conseguir que se tornem maiores de modo a que passem a ser rentáveis.

Reforçar o esforço de marketing em certos canais em detrimento de outros

Esta ideia assenta em acreditar que alterar o esforço de marketing de uns produtos para outros, pode trazer bons resultados em termos de rendibilidade.

Não tomar nenhuma iniciativa

Este princípio de ação pressupõe que as medidas que estão a ser implementadas são as mais corretas, estão a dar bons resultados, pelo que não se justifica fazer nenhuma alteração.

Não abandonar nenhum canal de distribuição no seu todo, mas apenas alguns retalhistas

Este princípio de ação aponta para escolher os melhores pontos de venda de um canal de distribuição no seu todo

Em geral, as análises de rendibilidade do marketing, apontam para níveis diferentes de rendibilidade dos diferentes canais de distribuição. Em cada situação, torna-se necessário tomar as melhores decisões.

O CUSTEIO DIRETO E O CUSTEIO TOTAL

No custeio direto, os custos são imputados diretamente às atividades ou aos produtos. Por exemplo, as comissões de vendas são um custo direto numa análise de rendibilidade por vendedor, por cliente, por zona geográfica, etc. As despesas de advertising são um custo direto numa análise de rendibilidade por produto, na medida em que, um placard de advertising promove, por norma, um produto ou uma gama de produtos. Outros exemplos de custos diretos são os salários, despesas de deslocação, etc.

Os custos indiretos podem ser imputados sómente de uma forma indireta, tendo por base, um certo critério de imputação. Como exemplo, um espaço que esteja arrendado para atividades diferentes. A renda pode ser repartida de acordo com a área afeta a cada atividade.

Existem custos indiretos que não podem ser imputados de acordo com um critério minimamente objetivo. Como exemplo, podemos falar dos gastos de imagem. A repartição dos gastos com a imagem, pelos diferentes produtos e atividades, será ser sempre um pouco arbitrária, devido à dificuldade de quantificar o benefício de cada produto, pela melhoria da imagem de marca.

A discussão passa por saber se faz ou não sentido, a imputação dos custos indiretos aos produtos e às atividades de marketing, ou seja, a aplicação, ou não, do sistema de custeio total. Este sistema de custeio apresenta algumas fraquezas:

- A rendibilidade relativa das diferentes atividades de marketing pode mudar radicalmente, quando se altera o critério de imputação. Este facto leva a uma falta de confiança no sistema de custeio total.
- Esta arbitrariedade desmotiva os gestores que pensam que o seu desempenho está a ser avaliado de uma forma adversa.
- A inclusão dos custos indiretos pode enfraquecer os esforços de conseguir um sistema de custeio o mais real possível. Os gestores têm maior facilidade de controlar, de acompanhar os custos diretos. As questões arbitrárias relacionadas com os custos indiretos, podem levar os gestores a gastarem energias com a alocação desses custos, não dando a devida importância ao custo real dos produtos e atividades.

SUMÁRIO

O controlo da rendibilidade do marketing consiste na determinação da rendibilidade atual dos produtos da empresa, das regiões geográficas, dos segmentos de mercado, dos canais de distribuição. As análises da rendibilidade do marketing revelam os resultados de cada entidade, permitindo retirar algumas conclusões sobre o desempenho das diferentes unidades de negócio.

QUESTÕES

1. Uma empresa fabrica diversos produtos e a sua força de vendas tem intervenção em todos esses produtos. De modo a determinar a margem de contribuição de cada produto, os custos dessa força de vendas (salários, comissões e outras despesas), devem ser alocados a cada um desses produtos. Como é que isto poderá ser feito?
2. Distinga o sistema de custeio variável do sistema de custeio total de apuramento de custos.
3. A elaboração de demonstrações de resultados por canais de distribuição é uma forma de analisar a rendibilidade. Quais as principais vantagens deste tipo de análise?
4. Ao sistema de custeio total são apontadas fraquezas diversas no apuramento dos custos. Desenvolva essas fraquezas.

19
O Controlo da Eficiência de Marketing

Para além do controlo do plano anual de marketing, as empresas têm que monitorizar a eficiência do marketing, o que implica a procura de formas para melhorar o impacto dos diferentes instrumentos de marketing. A responsabilidade deste controlo pertence ao controlador de marketing e aos gestores operacionais. O objetivo essencial do controlo é melhorar a eficiência dos gastos e o impacto das despesas de marketing. Os indicadores utilizados são, entre outros, a eficiência da força de vendas, do advertising, da promoção de vendas e da distribuição.

Suponha-se que a análise da rendibilidade que a empresa está a obter lucros moderados, em relação aos seus produtos, regiões geográficas ou mercados. Nestas circunstâncias, a questão que se coloca, é saber se haverá, ou não, formas mais eficientes de gestão da força de vendas, do advertising, da promoção de vendas, ou mesmo da distribuição.

Eficiência da força de vendas

Os responsáveis das vendas, dentro do seu nível de competências, devem manter sob controlo um conjunto de indicadores sobre a eficiência da força de vendas, na sua área de responsabilidade. Entre os diversos indicadores para controlar a eficiência da força de vendas, estão os seguintes:

- Número médio de chamadas telefónicas por dia
- Número médio do tempo gasto por chamadas telefónicas
- Rendimento médio por chamada tefónica
- Custo médio por chamada telefónica
- Número de encomendas realizadas por chamada telefónica
- Número de novos clientes por período
- Número de clientes perdidos por período
- Custo da força de vendas como percentagem das vendas totais

Da análise destas estatísticas, surgem questões que poderão ser úteis para compreender melhor a eficiência do marketing. Entre essas questões temos as seguintes:

- A força de vendas está a fazer poucas chamadas por dia?
- Estão a gastar muito tempo por chamada?
- Estão a conseguir encomendas suficientes por cada 100 chamadas?
- Estão a conseguir reter clientes suficientes e a conseguir novos clientes?

Sempre que uma empresa analisa a eficiência da força de vendas, podem surgir diversas áreas que poderão ser melhoradas.

Eficiência do advertising

Muitos gestores sentem dificuldades em avaliar o retorno do seu investimento em advertising. Contudo, algumas estatísticas podem ser obtidas, no sentido de conseguir essa avaliação.

- Custo do advertising por tipo de meio usado
- Percentagem de audiência que reparou e viu a mensagem que se pretendia transmitir
- Opiniões dos consumidores sobre os conteúdos e eficiência das mensagens
- Atitudes em relação ao produto, antes antes e depois da mensagem
- Número de pedidos de informação depois da mensagem

Os gestores podem desenvolver um número considerável de passos, tendo em vista melhorar a eficiência do advertising, nomeadamente, conseguindo melhorar o posicionamento do produto, a definição dos objetivos do advertising, testar a mensagens a transmitir, procurar os melhores meios de comunicação e testar os resultados do advertising à posterior.

Eficiência da promoção de vendas

A promoção de vendas inclui diversos modos diferentes para estimular o interesse do comprador. De modo a melhorar a eficiência da promoção de vendas, as empresas devem manter os registos de cada promoção de vendas, os seus custos, bem como o seu impacto nas vendas. Os gestores poderão calcular as seguintes estatísticas:

- Percentagem de vendas como resultado da promoção
- Custos por cada euro vendido
- Número de pedidos como resultado da demonstração

O objetivo destas estatísticas é observar os resultados das diferentes promoções de vendas e cncluir sobre as promoções mais adequadas numa relação de custo benefício.

Eficiência da distribuição

Os gestores devem procurar economias na distribuição. Existem diversos modelos disponíveis, no sentido de melhorar o controlo dos inventários, a localização dos armazéns, bem como as melhores formas de transporte. Por outro lado, também é possível conseguir melhorias na distribuição a nível local.

SUMÁRIO

O controlo da eficiência do marketing consiste na monitorização das diversas atividades de marketing, como sejam, a venda pessoal, adverttising, promoção de vendas e distribuição. Os gestores de marketing devem controlar alguns indicadores chave que mostrem como é que estas atividades estão a ser desenvolvidas, de modo a que possam introduzir recursos que melhorem a eficiência dessas atividades.

QUESTÕES

1. O que entende por eficiência do marketing?
2. A eficiência operacional representa um dos aspetos da análise da eficiência global do marketing. Enuncie alguns aspetos que devem ser tomados em consideração na análise da eficiência operacional.
3. Não há eficiência de marketing sem uma adequada informação de marketing. Refira alguns aspetos relacionados com a informação de marketing.
4. "*A eficiência de marketing não será a melhor, sem uma adequada orientação estratégica de marketing*". Comente esta afirmação.

20
O Controlo Estratégico de Marketing

De uma forma regular, as empresas devem desenvolver uma análise da forma como o seu plano estratégico de marketing está a ser implementado, ou seja, fazer uma avaliação crítica da eficácia da sua política de marketing.

O marketing é uma área onde, de uma forma rápida, os objetivos, as políticas, as estratégias e os programas se tornam obsoletos. Cada empresa, de uma forma regular, deve reavaliar a sua abordagem global ao mercado. Para o efeito, existem diversos instrumentos de avaliar a eficácia de marketing.

Revisão da eficácia de marketing

A eficácia do marketing pode não ser explicada, necessáriamente, pelo desempenho dos instrumentos de marketing. Bons resultados podem, frequentemente, ser explicados por razões muito diversas, como por exemplo, estar no sítio certo, à hora certa. Por outro lado, uma empresa pode ter maus resultados, apesar de apresentar uma boa estratégia de marketing. A eficácia de marketing de uma empresa pode ser avaliada pela forma como gere algumas questões essenciais da sua orientação de marketing: filosofia para com o cliente, organização integrada de marketing, informação de marketing existente, orientação estratégica e eficiência operacional.

Filosofia para com o cliente

Em relação à filosofia da empresa para com o cliente, é necessário avaliar, entre outros, os seguintes aspetos:

O desenho e organização da empresa para servir o mercado

A questão essencial é saber se os gestores reconhecem a importância do desenho e da organização da empresa para servir as opções e necessidades dos clientes. As atitudes dos gestores em relação a esta matéria, poderão ser muito distintas. Os gestores poderão pensar primeiramente em vender, independentemente de quem os compra. Os gestores poderão pensar em vender a uma gama diversificada de mercados com uma eficácia semelhante. Os gestores poderão pensar em servir as opções e necessidades de mercados muito bem definidos, que defendam os interesses da empresa em termos de potencial de lucros e de crescimento.

O plano de marketing da empresa

A questão essencial é saber se os gestores apresentam ofertas diferentes e planos de marketing distintos, tendo em conta os diversos segmentos de mercado. Na verdade, a atitude dos gestores, neste campo particular, pode ter, ou não, em conta a especificidade dos diferentes segmentos de mercado, ajustando, ou não, os planos de marketing a esses mercados.

A visão do sistema de marketing por parte dos gestores

A questão essencial é saber se os gestores têm uma visão global do sistema de marketing, envolvendo os fornecedores, canais, concorrentes, clientes, ambiente, etc. Na verdade, a atitude dos gestores, neste campo específico, pode concentrar-se em vender somente aos seus atuais clientes. Por outro lado, os gestores podem ter uma visão mais global, mas o essencial da sua estratégia, está direcionado os atuais clientes. Por último, os gestores podem ter uma visão bastante global do sistema no seu conjunto, estando conscientes das ameaças e oportunidades que poderão surgir por uma alteração de um elemento do sistema

Organização de marketing integrada

Em relação à organização de marketing integrada para o cliente, é necessário avaliar, entre outros, os seguintes aspetos:

O nível de controlo e integração das diferentes funções de marketing

A questão essencial é saber o tipo de controlo e integração entre as diferentes funções de marketing. A situação das empresas neste âmbito poderá ser muito distinta. As vendas e as outras funções de marketing poderão não estar integradas e haver algum conflito entre elas. Noutras empresas, poderá haver alguma formalização e controlo nessas funções, mas uma cordenação e coperação insatisfatórias. Por último, pode acontecer que as funções mais importantes estejam efetivamente integradas.

A relação entre o marketing e as outras funções

A questão essencial é saber se os gestores de marketing têm uma boa relação com os gestores das outras funções da empresa. As relações podem ser amigáveis, mas cada gestor atua no interesse próprio e não no interesse da organização. Poderá acontecer que os diferentes gestores coperam efetivamente e resolvem os assuntos, tendo sempre em atenção a organização no seu conjunto.

O processo de lançamento de novos produtos

A questão essencial é saber se o sistema está bem organizado no lançamento de novos produtos. Na verdade, no lançamento de novos produtos, o sistema pode estar mal definido e mal gerido, Por outro lado, o sistema de organização pode existir formalmente, mas falhar em sofisticação. Por último, o sistema pode estar bem estruturado e com os recursos humanos mais adequados.

Sistema de Informação de marketing

Em relação ao sistema de informação de marketing, é necessário avaliar, entre outros, os seguintes aspetos:

Os estudos e pesquisa de marketing

A questão essencial é saber quando é que foram realizados os últimos estudos de pesquisa sobre clientes, influências no consumidor, canais de distribuição e concorrentes. Estes estudos podem não existir, podem ter sido realizados há muito tempo, ou podem ter sido realizados recentemente.

O potencial de vendas e lucro dos diferentes segmentos de mercado

A questão essencial é saber se os gestores conhecem o potencial de vendas e lucro dos diferentes segmentos de mercado, dos clientes, das áreas geográficas, dos produtos, dos canais de distribuição, etc. Na verdade, a atitude dos gestores, neste campo particular, pode ser muito diferenciada.

A eficácia das diferentes despesas de marketing

A questão essencial é saber se os gestores dispendem algum esforço para conhecer a eficácia das despesas de marketing que suportam. Na verdade, a atitude dos gestores, neste campo específico, pode ser muito diferenciada.

Orientação estratégica

Em relação à orientação estratégica, é necessário avaliar, entre outros, os seguintes aspetos:

O planeamento de marketing existente

A questão essencial é saber o planeamento de marketing que existe. A situação em relação a esta matéria, poderá ser muito distinta. Pode acontecer que não exista planeamento formal de marketing. Ou que exista um plano de marketing anual. Também pode existir um plano de marketing anual detalhado e um plano de marketing de médio e longo prazo, revisto anualmente.

A qualidade da estratégia de marketing atual

A questão essencial é saber se a estratégia atual de marketing é clara. Na verdade, a estratégia pode não ser clara e esclarecedora dos ojetivos da empresa ou, pelo contrário, pode ser bem definida e ajustada à linha de rumo que a empresa pretende seguir.

O planeamento e gestão de contingências

A questão essencial é saber se os gestores têm uma visão global sobre possíveis contingências que possam afetar o futuro da empresa. Na verdade, a atitude dos gestores, neste campo específico, pode levar a um interesse, ou não, sobre contingências que possam afetar o futuro da da empresa.

Eficiência operacional

Em relação à eficiência operacional, é necessário avaliar, entre outros, os seguintes aspetos:

A forma de comunicar o pensamento de marketing do topo até à base

A questão essencial é saber se a estratégia de comunicação do pensamento de marketing do topo até à base, é fraca ou se, pelo contrário, é uma estratégia de sucesso.

A forma como os recursos de marketing estão a ser geridos

A questão essencial é conhecer a forma como os recursos de marketing estão a ser geridos. Na verdade, os recursos de marketing podem ser inadequados para os objetivos que se pretendem, podem ser adequados mas não estão a ser utilizados da melhor forma, ou podem ser adequados e estar a ser geridos de uma forma eficiente.

A forma de reação a informação diária

É importante conhecer de que forma os gestores reagem às informações diárias do mercado. Pode acontecer que a informação não seja regular e os gestores não reagirem de uma forma célere, pode acontecer que a informação exista mas a reação dos gestores ser variável, ou pode existir informação relevante e reações por parte dos gestores serem rápidas.

SUMÁRIO

O controlo estratégico de marketing pretende certificar se os objetivos de marketing, as estratégias e os sistemas estão adapatados, de uma forma otimizada, ao atual e futuro ambiente de marketing. Nesta conformidade, torna-se importante controlar a eficácia de marketing, no que se refere à filosofia para com o cliente, a organização de marketing, a informação de marketing, o planeamento estratégico e a eficiência operacional.

QUESTÕES

1. Suponha-se que a quota de mercado de uma empresa cai em períodos sucessivos. Os responsáveis do marketing recusam-se a tomar qualquer iniciativa, não dando relevância a tal evolução. O que é que isso significa? Esta reação terá alguma justificação?
2. O que entende por controlo estratégico de marketing?
3. Apresente as principais ferramentas de controlo estratégico de marketing.
4. Relacione controlo estratégico com eficiência de marketing.

21
Auditoria de Marketing

Uma auditoria de marketing é um exame do ambiente, dos objetivos, das estratégias e das atividades de marketing, tendo em vista detetar os problemas e oportunidades, tendo em vista recomendar um plano para melhorar o desempenho de marketing da empresa. Uma auditoria de marketing deve ser compreensiva, sistemática, independente e periódica.

Compreensiva

Uma auditoria de marketing deve cobrir as mais relevantes atividades de marketing. No caso de cobrir apenas uma das atividades, será uma auditoria funcional, já que incide sobre uma das funções de marketing. Uma auditoria de marketing compreensiva é eficaz na pesquisa dos problemas reais que afetam a função de marketing.

Sistemática

Uma auditoria de marketing deve ser sistemática, envolvendo uma sequência de fases de diagnóstico, cobrindo o ambiente de marketing da organização, o sistema de marketing interno, bem como atividades de marketing específicas. O diagnóstico é seguido por um plano de ações corretivas, envolvendo propostas de médio e longo prazos, no sentido de melhorar a eficácia global da organização de marketing.

Independente

Uma auditoria de marketing pode ser conduzida de várias formas. Uma auditoria efetuada pelo próprio staff do marketing pode ser útil, mas tem falhas de objetividade e independência. O mesmo poderá acontecer em auditorias efetuadas pelo auditor interno. Uma auditoria de marketing deve ser efetuada por consultores externos que possuem a necessária objetividade, independência e experiência.

Periódica

Tradicionalmente, uma auditoria de marketing é efetuada quando os problemas surgem. Frequentemente, as empresas entram em crise porque, em tempos de expansão, elas não reviram as suas atividades de marketing. Uma auditoria de marketing periódica, pode ser útil em tempos bons e em tempos de crise. As atividades de marketing, mesmo sendo boas, podem ser melhoradas.

Desde o início, uma auditoria de marketing tem que ter bem definidos os objetivos, o grau de cobertura, a profundidade, os recursos de informação, o formato do relatório, bem como o tempo necessário para a auditoria. Um plano detalhado sobre quem deve ser intervistado, as questões a ser colocadas, o tempo e o lugar de contacto, deve ser preparado cuidadosamente, de modo a limitaro tempo e custo da auditoria.

Uma regra importante neste tipo de auditoria é que a opinião e a informação, não se deve limitar aos gestores da empresa. Os clientes, os intermediários e outros agentes externos devem ser intervistados. Muitas empresas não sabem como são vistas pelos clientes e agentes externos, não conhecem as necessidades dos clientes.

Quando a fase de recolha da informação termina, o auditor de marketing apresenta os principais resultados e recomendações. O aspeto mais valioso do trabalho do auditor é o assimilar, o debate e o desenvolvimento de novos conceitos para uma ação de marketing necessária.

Componentes de uma auditoria de marketing

Uma auditoria de marketing deve analisar as principais componentes de uma auditoria de marketing: ambiente, estratégia, organização, sistema de informação, produtividade e a função de marketing.

Auditoria ao ambiente de marketing

Esta auditoria incide sobre as forças macroeconómicas, como a demografia, a economia, a ecologia, a tecnologia, a política, a cultura, bem como as tendências no ambiente de marketing, como os mercados, os clientes, os concorrentes, os distribuidores, os intermediários e os fornecedores. A auditoria ao ambiente de marketing deve incidir sobre as seguintes variáveis:

Demografia

A este nível, por um lado, pretende-se conhecer os principais desenvolvimentos demográficos, que possam significar oportunidades ou ameaças para a empresa e, por outro lado, que ações a empresa pretende desenvolver, para fazer face a estes desenvolvimentos e tendências futuras na demografia.

Economia

Por um lado, pretende-se saber quais os maiores desenvolvimentos ao nível dos preços, do rendimento, poupanças e crédito que possam afetar a empresa e, por outro lado, que ações a empresa pretende desenvolver, para fazer face a estes desenvolvimentos e tendências futuras na economia.

Ecologia

Por um lado, pretende-se conhecer o custo e disponibilidade da energia e dos recursos naturais necessários e, por outro lado, saber o papel da empresa na poluição e conservação da natureza e que passo a empresa tem dado neste domínio.

Tecnologia

Por um lado, pretendem-se conhecer as mudanças mais relevantes na tecnologia do produto e processo produtivo, bem como a posição da empresa em relação a esta evolução e, por outro lado, conhecer os substitutos genéricos que poderão substituir os produtos da empresa.

Política

Por um lado, pretendem-se conhecer quais as leis que estejam a ser discutidas que possam afetar a estratégia e a tática de marketing e, por outro lado, saber o que está a ser feito a nível político, para controlar a poluição, ao nível do emprego, segurança do produto, controlo de preços, etc., que possa afetar a estratégia de marketing.

Cultura

Por um lado, pretende-se conhecer qual a atitude do público em relação ao negócio e em relação aos produtos fabricados pela empresa e, por outro lado, detetar as mudanças no consumo e estilo de vida com implicações na empresa.

Mercados

Por um lado, pretende-se conhecer o tamanho do mercado, o seu crescimento, a distribuição geográfica e os lucros e, por outro lado, conhecer os maiores segmentos de mercado.

Clientes

Por um lado, pretende-se conhecer a reputação, qualidade do produto, serviço, força de vendas e preço da empresa em relação aos seus concorrentes e, por outro lado, saber como é que os diferentes segmentos de clientes tomam as sua decisões de compra.

Concorrentes

Por um lado, pretende-se saber quais são os principais concorrentes, bem como os seus objetivos e estratégias, forças e fraquezas, dimensão e quota de mercado e, por outro lado, saber quais as tendências que poderão afetar os concorrentes no futuro.

Agentes de distribuição

Por um lado, pretende-se conhecer os principais canais de distribuição que levem os produtos no cliente e, por outro lado, saber qual o nível de eficiência e potencial de crescimento dos diferentes canais de distribuição.

Fornecedores

Por um lado, pretende-se saber qual o nível de disponibilidade dos recursos chave usados na produção e, por outro lado, conhecer as tendências que estão a acontecer entre os fornecedores em relação à forma de fazer negócio.

Público

Por um lado, pretende-se conhecer quais os públicos que representam oportunidades reais ou problemas para a empresa e, por outro lado, saber que passos a empresa tem dado para lidar de uma forma eficaz com cada tipo de público.

Auditoria à estratégia de marketing

Esta auditoria foca-se na revisão dos objetivos e da estratégia de marketing, no intuito de verificar o seu nível de adptação ao ambiente de marketing, conhecendo a missão, os objetivos e a estratégia.

Missão

Por um lado, pretende-se saber se a missão do negócio está claramente identificada, bem como orientada em termos de marketing e, por outro lado, concluir se tal missão é praticável.

Objetivos

Por um lado, pretende-se saber se os objetivos são claros de modo a facilitar o planeamento de marketing, bem como a medição do desempenho e, por outro lado, concluir se os objetivos de marketing são apropriados, tendo em conta a posição competiva, recursos e as oportunidades que a empresa tem.

Estratégia

Ao nível da estratégia, a auditoria de marketing pretende encontrar respostas para questões diversas:

- Se a gestão é capaz de articular uma estratégia de marketing clara, tendo em vista os objetivos de marketing.
- Se a estratégia que está a ser seguida é convincente.
- Se a estratégia é apropriada ao ciclo de vida do produto, às estratégias dos concorrentes e ao estado da economia.
- Se a empresa está a usar a melhor base para a segmentação do mercado.
- Se a empresa desenvolveu um posicionamento adequado e um marketing mix para cada segmento de mercado.
- Se os recursos de marketing estão a ser alocados de uma forma ótima aos diferentes elementos do marketing mix, isto é, qualidade do produto, serviço, força de vendas, advertising, promoção e distribuição.
- Se os recursos orçamentados são adequados ou excessivos, para realizar os objetivos.

Auditoria à organização de marketing

Este tipo de auditoria pretende avaliar se a organização de marketing tem capacidade para implementar a estratégia necessária no ambiente futuro.

Estrutura formal

Por um lado, pretende-se saber se os responsáveis do marketing têm autoridade e responsabilidade sobre as atividades que afetem a satisfação do cliente e, por outro lado, saber se as atividades de marketing estão devidamente estruturadas, tendo em conta o produto, o consumidor e áreas geográficas.

Eficiência funcional

Pretende-se saber se existe uma boa comunicação e relações de trabalho entre o marketing e as vendas, se o sistema de gestão do produto trabalha de forma eficiente, se existem responsáveis do marketing que precisem mais treino, motivação, supervisão ou avaliação.

Eficiência relacional

Pretende-se saber se existem alguns problemas entre o marketing e a produção, compras, finanças, contabilidade, vendas, que exijam atenção.

Auditoria ao sistema de informação de marketing

Esta auditoria pretende avaliar se o sistema de informação e a organização de marketing têm capacidade para implementar a estratégia de marketing necessária no ambiente futuro.

Sistema de informação de marketing

A questão que se coloca é saber se o sistema produz informação rigorosa, suficiente e tempestiva, acerca dos clientes, distribuidores, concorrentes, fornecedores e sobre os vários públicos. Saber também se a empresa está a utilizar os melhores métodos de previsão de vendas.

Sistema de planeamento de marketing

Pretende-se saber se o sistema de planeamento de marketing está bem concebido e é eficaz.

Sistema de controlo de marketing

Pretende-se concluir se os procedimentos de controlo são adequados para assegurar que os objetivos sejam alcançados. Saber se a gestão analisa periódicamente a rendibilidade dos produtos, dos mercados, dos canais de distribuição e das átreas geográficas. Também se pretende saber se os custos de marketing são periódicamente examinados.

Sistema de desenvolvimento de novos produtos

Pretende-se concluir se a empresa está bem organizada para agrupar, analisar e dar seguimento a novas ideias de produtos. Saber também se a empresa faz as análises suficientes antes de pôr em prática novas ideias. Adicionalmente, se a empresa faz testes de mercado e de produto antes do seu lançamento

Auditoria à produtividade de marketing

Esta auditoria pretende avaliar a produtividade e a rendibilidade das diferentes atividades de marketing e o custo efetivo das despesas de marketing. Poderá fazer análises de rendibilidade e de custo/benefício.

Análises de rendibilidade

A auditoria pretende apurar a rendibilidade dos diferentes produtos, mercados, territórios e canais de distribuição. Pretende concluir sobre se a empresa deverá entrar, expandir, contrair ou sair de certos segmentos de negócio e quais serão as consequências em termos de rendibilidade.

Análises de custo/benefício

A auditoria pretende apurar se existem certas atividades de marketing com custos excessivos. Em caso afirmativo, identificar os passos a dar no sentido de uma redução de custos.

Auditoria à função de marketing

Esta auditoria pretende fazer uma avaliação profunda das componentes do *marketing-mix*, nomeadamente, os produtos, o preço, a distribuição, a força de vendas, o advertising, a promoção e a publicidade.

Produto

Ao nível do produto, a auditoria de marketing pretende conhecer os objetivos para a linha de produtos e se tais objetivos são razoáveis. Se a linha de produtos atual vai ao encontro dos objetivos. Se certos produtos deveriam ser retirados de linha. Se os clientes distinguem os produtos da empresa em relação aos concorrentes, em relação à qualidade, marca, caraterísticas, etc.

Preço

Ao nível do preço, a auditoria de marketing pretende conhecer quais os objetivos de preço, políticas, estratégias e procedimentos. Se os clientes consideram os preços dos produtos adequados em relação ao seu valor. Saber até que ponto as políticas de preço praticadas, são compatíveis com as necessidades dos agentes de distribuição e com os regulamentos.

Distribuição

Ao nível da distribuição, a auditoria de marketing pretende conhecer os objetivos e estratégias. Se existe uma cobertura e serviço adequado. Se a empresa deveria considerar alterar os canais de distribuição, etc.

Advertising, promoção de vendas e publicidade

Ao nível do advertising, promoção e publicidade, a auditoria de marketing pretende apurar os objetivos de advertising da organização, saber se os meios de advertising são adequados, se os orçamentos de promoções e publicidade sao adequados, se as pessoas têm competência para a função.

Força de vendas

Ao nível da força de vendas, a auditoria de marketing pretende conhecer os objetivos de força de vendas e se é adequada às necessidades para atingir os objetivos, se os incentivos são suficientes, se a força de vendas mostra habilidade, esforço e moral alta, etc.

SUMÁRIO

A auditoria de marketing é um estudo compreensivo, sistemático, independente e periódico do ambiente de marketing, dos objetivos, das estratégias e atividades de marketing.

O objetivo da auditoria de marketing é determinar as áreas de marketing problemáticas e recomendar um plano de ação corretivo de curto e médio e longo prazo, tendo em vista melhorar a eficiência de marketing global da organização.

QUESTÕES

1. O que entende por auditoria de marketing? Apresente as sua diferentes componentes.
2. Uma das componentes da auditoria de marketing é a auditoria à estratégia de marketing. Analise os aspetos essenciais relacionados com esta componente de marketing.
3. O preço, o advertising e a força de vendas são outros elementos de análise que compõem uma auditoria de marketing. Desenvolva os principais aspetos a auditar em cada área.
4. Considere uma empresa sua conhecida na qual pretende realizar uma auditoria de marketing. Quais deveriam ser os aspetos essenciais tratados nessa auditoria, bem como as recomendações a curto e médio e longo prazo?

22
O Controlador de Marketing

No último capítulo, vimos como é que um auditor de marketing externo pode contribuir para o controlo estratégico de marketing. Algumas grandes empresas criaram a função de controlador de marketing, no sentido de monitorizar as despesas e as atividades de marketing. Um controlador de marketing tem experiência e conhecimentos em finanças e marketing, podendo desenvolver análises financeiras complexas sobre a evolução passada da empresa, bem como desenvolver planeamento financeiro ao nível das despesas de marketing.

A função de controlador de marketing deve ser bastante completa e diversificada, podendo incluir, entre outras tarefas, as seguintes:

- Manter um controlo estreito sobre as despesas de marketing;
- Preparar os orçamentos das diferentes marcas;
- Medir a eficiência das promoções;
- Analisar a rendibilidade por cliente e área geográfica;
- Preparar relatórios de natureza comercial;
- Orientar os profissionais do marketing para o rigor e para as implicações financeiras de certas decisões.
- etc.

O controlador de marketing é uma função particularmente útil em empresas onde o marketing está em direção às vendas e não em relação aos lucros. Um controlador de marketing pode ajudar a analisar como e onde a empresa está a ganhar dinheiro. Eles têm uma função de monitorização das despesas de marketing. Estes profissionais adquirem muita experiência financeira, vindo a tornar-se os gestores de marketing no futuro.

SUMÁRIO

A função de controlador de marketing surgiu com a necessidade de monitorizar as despesas de marketing e desenvolver análises financeiras sobre o impacto dessas despesas.

QUESTÕES

1. Desenvolva as diferenças entre a função de auditor de marketing e a função de controlador de marketing.
2. Quais são as funções que devem ser executadas por um controlador de marketing?
3. Analise o possível enquadramento de um controlador de marketing no design estrutural de uma organização.
4. Considere uma empesa sua conhecida onde exista a função de controlador de marketing. Marque uma visita à empresa. Analise a função e o seu enquadramento nessa empresa.